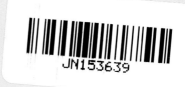

学校図書館活用を組織論で考える

教員・司書教諭・学校司書の協働構築

松本 美智子

Michiko Matsumoto

樹村房

はじめに

本書は，2022年６月に筑波大学大学院図書館情報メディア研究科に提出した博士論文「学校図書館活用における教員・司書教諭・学校司書の協働構築に関する研究：組織論の視点から」を基に執筆したものである。学校図書館は，学校教育に必要とされてはじめて機能するため，学校図書館研究は，「図書館情報学」に止まらず「教育学」分野に向けて提示していくことが求められる。そのため，本書は，学校図書館関係者だけでなく，学校教育関係者の方々にも読んでいただくことを目指し，学術的な成果をより読みやすく書き改めたものである。

筆者は，小学校及び中学校で学校司書として働きながら修士課程で図書館情報学を学びはじめ，博士後期課程を修了し，現在は大学・短大における司書教諭課程や学校司書課程で非常勤講師を務めている。このように，自身の立ち位置が変化し，さまざまな立場を経験したことで，多角的な視点で学校図書館を観察することが可能となった。

つまり，本書は，学校図書館現場で働きながら具体的な研究課題を自覚し，大学院で研究し，そこで得られた課題解決方法を現場で実践し，そうした実践を振り返り，再び研究課題を自覚し，大学院で研究をするという実践と研究の繰り返しが基になっている。

学校図書館は，学校教育において読書と共に探究学習や情報活用能力の育成を目的として活用が求められている。しかし，学校図書館で働くうちに，学校図書館を積極的に活用する教員がいる一方でまったく活用しない教員の存在を目の当たりにし，その要因を考え続け，以下のことに気づいた。

教員には，学校図書館は児童生徒に読書をさせる場所であり，探究学習へ導き情報活用能力を身につけさせる場所であるという認識が乏しい。たとえ，学校図書館を活用した授業が必要と思い立ったとしても，教員自身の学校図書館活用能力，授業で活用する資料に関する専門的な知識，授業準備のための時間的余裕が求められる。そのため，学校図書館の活用をためらってしまうことが多いだろう。教員にとって学校図書館活用は，「負担が大きい」「面倒くさい」

「メリットが考えられない」と否定的に捉えられてきたのである。

教員が学校図書館を活用するには，実際に学校図書館担当者（司書教諭と学校司書）の支援を受けてみることである。支援を受けることで，教員は児童生徒一人ひとりのニーズに合った資料を手渡すことが可能となり，児童生徒は主体的に学ぶようになる。これは，児童生徒一人ひとりの学びを大切にすることであり，教員は学校図書館活用のメリットを実感し，学校図書館に対する認識が変化する。その結果，学校図書館活用の実践を積み上げていくことになり，学校図書館活用能力は向上する。また，支援を受けることで時間的な余裕も生まれる。このような学校図書館担当者からの教員支援，つまり，教員と学校図書館担当者の協働構築が学校図書館活用の鍵となる。本書では，組織論を枠組みに両者の協働構築の具体的な方法を提示する。

本書を手に取った方が，日ごろから学校図書館を話題にし，学校図書館活用における協働構築の意義や価値を認識し，実践の場において本書に示した具体的な方法を試してみようという気持ちになっていただけたらこれ以上の喜びはない。これを機会に，新たな考えや思いを紡ぎ出し，学校教育及び，学校図書館において新しい動きが始まってほしいと願っている。

本書では，研究の裏づけ，根拠となっている引用文献を多く残したので，読者の方に役立てていただけると嬉しい。それぞれの方のペース，方法で自由に読んでいただきたい。

また，「学校図書館」という「未知の世界」を知っていただくために，0章を設け学校図書館の基礎知識をまとめた。

なお，本書の基となった博士論文は，筑波大学“つくばリポジトリ”で読むことができるため，気になった方は参照していただきたい（https://tsukuba.repo.nii.ac.jp）。

もくじ

0章

学校図書館の基礎知識

本書は，すでに学校図書館に関わっている方のみならず，学校図書館に興味・関心を持っている方々にも「学校図書館」について知っていただくことを意図して出版するものである。しかし，本書は，「学校図書館」における協働について学術の方法を用いて論じた筆者の博士論文を基にしているため，読者にとり馴染みのない専門的な用語があり，分かりにくく読みにくいところがあると推察される。そのため，読者に馴染みのないと思われる専門的な用語の理解を深め，読みやすくするために，「学校図書館の基礎知識」として12項目を抽出し本章（0章）で説明する。

抽出した12項目は以下のとおりである。まず，学校図書館は学校内に設置された図書館であるため，図書館の概念（図書館，学校図書館）を説明する。次に，学校図書館を学校内に設置する根拠となる３つの法律（学校図書館法，子どもの読書活動の推進に関する法律，文字・活字文化振興法）を概観する。次に，学校図書館の管理・運営をする人（学校図書館担当者，司書教諭講習，学校司書モデルカリキュラム）及び，資料管理（学校図書館図書標準）について解説する。次に，文部科学省がまとめた学校図書館の運営の指針（学校図書館ガイドライン）について述べる。次に，学校教育における学校図書館の役割（学校図書館の３つの機能）について説明する。最後に，学校図書館の全国的な研究団体（全国学校図書館協議会：全国SLA）について記す。以下，順次述べていく。

01　図書館

図書館とは，人間の知的生産物である記録された知識や情報を収集，組織，保存し，人々の要求に応じて提供することを目的とする社会的機関である[1]。

社会的機関であるが，図書館を日常的に利用している人は多くはなく，どのような館種があり，それぞれどのような特徴があるかを知っている人は限られているのではないだろうか。図書館の館種は，公共図書館，国立図書館，大学図書館，学校図書館，専門図書館，その他の図書館に大きく分かれる。各図書館の特徴と関係法規を以下のような表にまとめたので参照していただきたい（表0-1）。

また，図書館は利用者の情報ニーズに合わせて「図書館サービス」を提供する。これは，図書館で行われる図書の利用と情報の伝達にかかわる幅広いサービスを含む概念であり，図書館の館種，図書館の特徴（利用対象者，図書館の目的など）によって異なる。「図書館サービス」は大きく分けて，図書館の整備（資料の収集・組織化・保存など）といった利用者に間接的に関わるテクニカルサービス（間接サービス）と，貸出，返却，レファレンスといった利用者に対して直接関わるパブリックサービス（直接サービス）とに分けることができる。ただし，後者だけを指して「図書館サービス」と呼ぶこともある[2]。

表0-1　図書館の館種と特徴

図書館の館種	図書館の特徴	関係法規
公共図書館	不特定多数の人に開かれた図書館 公立図書館と私立図書館がある	図書館法 （1950年公布）
国立図書館	国が設営し経営を行う図書館 国立国会図書館は，国会の立法，調査活動をサポートするとともに国民にも「図書館サービス」を提供する	国立国会図書館法 （1948年公布）
大学図書館	大学，短大に設置された図書館 学生や教職員の学習・研究に必要な資料を保存・提供する	大学設置基準 （1956年公布）
学校図書館	小・中・高等学校などに設置された図書館 児童生徒，教職員に必要な資料を保存・提供する	学校図書館法 （1953年公布）
専門図書館	官公庁や企業等に設置された図書館 組織が必要とする専門的な資料を収集する	特になし
その他の図書館	外に行けない人向けの図書館 病院図書館，刑務所図書館など	特になし

02　学校図書館

学校図書館は，多くの人には，図書館ではなく図書室と認識されており，「本があって読書する場所」であり，その実情は知られていないのではないだろうか。

学校図書館は，教育課程の展開に寄与することと児童生徒の健全な教養を育成することを目的として，小・中・高等学校及び特別支援学校に設けられている。「学校教育法施行規則」および「学校図書館法」（本章項目：03）によって，その設置が義務づけられている。児童生徒一人ひとりの学習の形態や速度が異なること，探究学習，調べ学習など自学自習能力が重視される教育実践に伴い，学校図書館で扱うメディアも多種多様化し，それらを使った学習活動を行うための設備を備えた施設としての重要性が高まってきている。

2016（平成28）年に文部科学省から示された「学校図書館ガイドライン」（本章項目：10）では，学校図書館は，読書の推進だけでなく，調べ学習や新聞を活用した学習など，さまざまな授業で言語活動や探求学習の場となり，主体的・対話的で深い学び（アクティブ・ラーニング）を効果的に進めていく場であると位置づけている。

03　学校図書館法

学校図書館法は，小・中・高等学校及び特別支援学校の図書館に関する法律であり，1953（昭和28）年に公布された世界的にみて珍しい単独法であるが，この法律の認知度は低い現状である。この法律には，学校図書館の定義と役割，設置義務，専門的職員としての司書教諭の配置義務，学校司書の配置努力義務，学校図書館の整備・充実や学校図書館担当職員（司書教諭と学校司書）の育成に関する国の責務などを規定している。

1953（昭和28）年交付時の司書教諭の配置義務は，同法付則第２項で“当分の間……司書教諭をおかないことが出来る”とされたため，40年以上にわたり配置が進まなかったが，1997（平成９）年の法改正で12学級以上の学校に配置義務が規定され（11学級以下は配置努力義務），2003（平成15）年度から施行された。2014（平成26）年の法改正では，専ら学校図書館の職務に従事するものとして「学校司書」を明記し（第６条），学校司書の配置努力義務が規定され，配置が進んでいる。以下に2014年に改正された学校図書館法の要約を記す。

○学校図書館法要約（2014年改正版）
第1条　学校図書館は，学校教育に欠くことのできない基礎的な設備である
第2条　学校の教育課程の展開に寄与するとともに児童生徒の健全な教養を育成する
第3条　小・中・高等学校及び特別支援学校には学校図書館を設けること
第4条　図書館資料の利用に関し，児童生徒及び教員の利用に供すること
第5条　学校には司書教諭を置かなければならない（12学級以上）
第6条　学校には学校司書を置くように努めなければならない
第7条　学校の設置者は学校図書館の整備・充実に努めること
第8条　国は学校図書館の整備・充実，司書教諭の養成の総合計画を立てること

04　子どもの読書活動の推進に関する法律

読書活動は自由なものであるが，子どもの読書活動に関する法律があるということに驚く人が多いのではないだろうか。

2001（平成13）年，「子どもの読書活動の推進に関する法律」が公布された。この法律は，2000（平成12）年に制定された「子ども読書年」の理念を受けついだものである。

すべての子ども（0～18歳）があらゆる機会とあらゆる場所において，自主的に読書活動ができるように積極的に環境整備を推進することを基本理念とし，国・地方公共団体の責務，保護者の役割などを明確にしている。読書活動推進に必要な事項を定め，子どもの読書活動の推進に関する施策を総合的・計画的に推進し，子どもの健やかな成長に資することを目的として作成された。同法により，4月23日を「子ども読書の日」に制定している。同法に対する附帯決議には，配慮すべきこととして，学校図書館の整備充実，学校図書館の図書購入の自主性の尊重が述べられている。

05　文字・活字文化振興法

「文字・活字文化振興法」は，2005（平成17）年に公布された。文字・活字文化の振興に関する基本理念を定め，国と地方公共団体の責務を明らかにし，そ

の振興に必要な事項を示し，文字・活字文化の振興に関する施策の総合的な推進を図ることで，知的で心豊かな国民生活及び活力のある社会の実現に寄与することを目的として作成された。

公共図書館関連では，必要な数の公立図書館の設置，司書の充実などの人的体制の整備，資料の充実，情報化の推進などを謳っている。学校図書館関連では，学校教育において言語力の涵養が図られるように，教育職員の資質向上，司書教諭などの人的体制の整備，資料の充実，情報化の推進などが示されている。特に，学校図書館の人的体制について“司書教諭及び学校図書館に関する業務を担当するその他の職員の充実”と記し，初めて，法律において学校司書に言及し，学校司書の法制化（2014年の学校図書館法改正）へつながる画期的なことであった。大学図書館関連では，一般公衆への開放推進，公開講座などの活動推進を謳っている。同法により，10月27日を「文字・活字文化の日」に制定している。

なお，文字・活字文化推進機構は，文字・活字振興に関わる諸活動を推進するために設立された公益財団法人である。

06　学校図書館担当者（司書教諭と学校司書）

学校図書館にはどのような担当者が配置され，どのような資格を持って，どのように働いているかはよく知られていないのではないだろうか。

学校図書館には，その担当者として司書教諭と学校司書が配置されていることが多い（どちらか一方だけの配置のこともある）。多くの学校では，司書教諭（資格制度あり）は担任を兼任する兼任司書教諭であり，学校司書（資格制度なし）は非正規，非常勤で雇用されていることが多い。

司書教諭の職務は，学校図書館の運営を総括するほか，学校経営方針などに基づき学校図書館を活用した教育活動の企画・実施を行うこと，年間読書指導計画などの立案，学校図書館関係業務の連絡調整などに従事することである。また，学校司書との連携・協力を密にし，協働して学校図書館の運営に当たることも求められている。

一方，学校司書の職務は，学校図書館の整備における専門的・技術的職務に従事するとともに，教員による学校図書館を活用した授業などの教育活動を，

表0-2　司書教諭と学校司書

	司書教諭	学校司書
配置根拠	学校図書館法第５条* • 12学級以上：配置義務（11学級以下：配置努力義務） • 主幹教諭，指導教諭，または教諭をもって充てる（充て職）	学校図書館法第６条* • 配置努力義務
資格制度	あり • 教員の免許状を有する者又は教員養成課程に在籍する学生で司書教諭講習において５科目10単位修得した者	なし • 制度上の定めなし •「学校図書館モデルカリキュラム（本章項目：08）」があるが，資格制度ではない • 国及び地方公共団体には研修実施の努力義務あり
職務内容	学校図書館の専門的職務を掌る	学校図書館の専門的・技術的職務に従事する
職務体制	担任兼任，充て職のことが多い • 専任司書教諭は10％に満たない	非正規，非常勤のことが多い • 常勤・非常勤，正規・非正規など多種多様であり，地方公共団体により異なる（雇用要件として司書資格が求められることが多い）

＊学校図書館法（本章項目：03）。

司書教諭と共に支援することが求められている[3]。

司書教諭と学校司書の配置根拠，資格制度，職務内容，職務体制について，上記の表にまとめたので参照していただきたい（表0-2）。

07　司書教諭講習

司書教諭とは，教員免許を有する者又は教員養成課程に在籍する学生で，司書教諭講習において，５科目10単位を修得した者であり，教育委員会や学校長から任命された者である。司書教諭講習に関しては，文部省令「学校図書館司書教諭講習規程」[4]に以下のような記述がある。

学校図書館法第５条に規定する司書教諭の講習についてはこの省令の定めるところによる（第１条）。講習を受けることができる者は，教育職員免許法に定める小学校，中学校，高等学校若しくは特別支援学校の教諭免許状を有する者又は大学に２年以上在学する学生で62単位以上を修得したものとする（第２条）。司書教諭の資格を得ようとする者は，講習において，以下の表に示した科目について，それぞれ２単位，つまり，合計10単位修得しなければならない。司書教諭科目と単位数について以下の表にまとめた（表０-３）。

表０-３　司書教諭科目と単位数

司書教諭科目	単位数
学校経営と学校図書館	2
学校図書館メディアの構成	2
学習指導と学校図書館	2
読書と豊かな人間性	2
情報メディアの活用	2

08　学校司書モデルカリキュラム

学校司書とは，学校図書館の職務に従事する職員であるが，資格制度はない。しかし，学校司書の職務に求められる専門的な知識・技能を習得できるようにするために，近年，学校司書モデルカリキュラムという授業科目が大学などで開講され学校司書の養成が始まっている。学校司書モデルカリキュラムが始まったいきさつを以下に述べる。

2014（平成26）年，学校図書館法改正により第６条に学校司書が明記され，学校図書館の職務に従事する職員として学校司書を置くよう努めなければならない旨が規定された。同時に，学校図書館法付則２項において，国は学校司書の職務の内容が専門的知識及び技能を必要とすることに鑑み，学校司書としての資格の在り方，その養成の在り方などについて検討を行い，その結果に基づいて必要な措置を講ずるものとしたため，「学校司書モデルカリキュラム」が文部科学省の会議で討議され決められた。

学校司書モデルカリキュラムの内容は，学校図書館の運営・管理・サービスに関する７科目（学校図書館概論，図書館情報技術論，図書館情報資源概論，情報資源組織論，情報資源組織演習，学校図書館サービス論，学校図書館情報サービス論），児童生徒に対する教育支援に関する3科目（学校教育概論，学習指導と学校図書館，読書と豊かな人間性）の計10科目20単位となっている（2016（平成28）年）[5]。

09　学校図書館図書標準

学校図書館の蔵書冊数は，各自治体の予算や学校図書館施策の重要度により変わってくるため，全国的に格差がある。その格差をなくすため，文部省は，1993（平成5）年，「学校図書館図書標準」を示した。

「学校図書館図書標準」は，公立義務教育学校の学校図書館に整備すべき蔵書の標準冊数である。例えば，12学級の小学校では7,960冊，中学校では10,720冊が標準冊数である。2020（令和2）年度の文部科学省の「学校図書館の現状に関する調査」によると，学校図書館図書標準達成率は小学校で約70％であり，中学校で約60％であった。

この「学校図書館図書標準」の課題は，図書のみを対象としていること，高等学校，中等教育学校の後期課程及び特別支援学校の高等部は対象外であることである。また，作成されてから30年経過し現状に合っているかという疑問もある。2016（平成28）年，学校図書館運営上の重要な事項についてその望ましいあり方を示した「学校図書館ガイドライン」（本章項目：10）が発表されたが，新たな蔵書冊数の目安は示されなかったため，改訂が求められる。

10　学校図書館ガイドライン

「学校図書館ガイドライン」は，学校図書館の整備充実の現状において全国的な格差があり，その格差をなくし，教育委員会や学校等にとり参考になるように2016（平成28）年に作られた指針である。

その内容は，学校図書館の運営上の重要な事項について望ましい在り方を具体的に記している。構成は，学校図書館の目的・機能，学校図書館の運営，学校図書館の利活用，学校図書館に携わる教職員など，学校図書館における図書館資料，学校図書館の施設，学校図書館の評価の7章となっている。各学校においては，このガイドラインを指針として学校図書館の整備充実を図ることが推奨される。

11　学校図書館の３つの機能（役割）

学校図書館の機能（役割）は，「読書を楽しむための場」として多くの人に認識されているのではないだろうか。

学校図書館は，学校図書館の目的（学校の教育課程の展開に寄与するとともに児童生徒の健全な教養を育成する：学校図書館法第２条）を達成するために，読書センター，学習センター，情報センターの３つの機能（役割）がある。以下にそれぞれの機能について述べる。

読書センター機能は，学校図書館を読書で活用することで，児童生徒の想像力を培い，学習に対する興味・関心を呼び起こし，豊かな心や人間性，教養，創造力などを育む自由な読書活動，読書指導や読解力育成の場としての機能である。

学習センター機能は，学校図書館を学習で活用することで，児童生徒の自主的・自発的かつ協働的な学習活動を支援し，授業内容を豊かにしてその理解を深める場としての機能である。

情報センター機能は，学校図書館の情報を活用することであり，児童生徒や教職員の情報ニーズに対応する場，児童生徒の情報収集・選択・活用能力を育成する場としての機能である。

学校図書館の機能を図０-１にまとめたので参照していただきたい。３つの機能は互いに補い合う相互補完的な関係である。

現在，学校は「一人一台端末時代」になり，児童生徒一人ひとりが端末を活用する学びの在り方が進み，学校教育に変化を起こしている（学校教育のDX（Digital Transformation）化）。そのため，学校図書館は学校教育の変化に対応すると同時に，学校図書館活用とICT活用を統合した学習活動を支援し，児童生徒の豊かな人間性を育み，読解力や情報活用能力を育成していかなければならない[6]。このような学校教育のDX化においても学校図書館の３つの機能は基本的に変わらないと考えている。

12　全国学校図書館協議会（Japan School Library Association）

全国学校図書館協議会（全国SLA）は，1950（昭和25）年，全国の有志教員により結成され，1998（平成25）年，各都道府県に組織されている学校図書館研

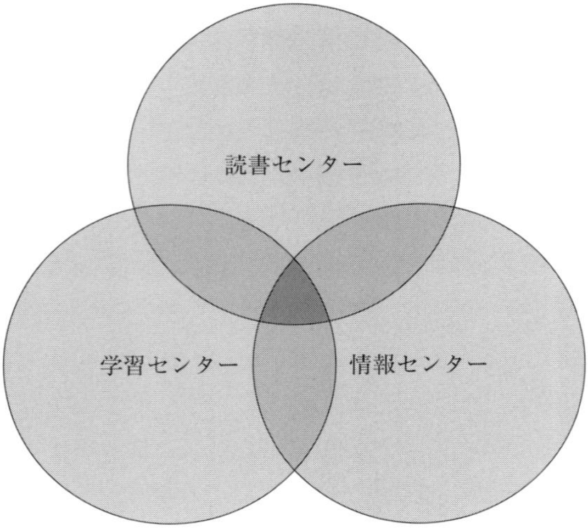

図0－1　学校図書館の機能（役割）

究団体（各県SLA）の連合体（社団法人）として設立された。各県SLAや関連諸団体と連携・協力し，全国的な視野に立ち以下のような活動を行っている。

学校図書館の充実発展と青少年の読書振興を図ることを目的に，法律改正や予算増額運動（職員配置，施設整備など），教育改革への提言，学校図書館の運営に関する各種基準の制定，図書の選定基準作成および選定事業，機関誌『学校図書館』（1950～）や『学校図書館速報版』（1954～），学校図書館運営の指導書の編纂などの多彩な出版活動，学校読書調査・学校図書館調査の実施，研究大会の開催，青少年読書感想文コンクール等各種コンクール，日本絵本賞など，活動は極めて広範囲にわたっている。発足当初は「学校図書館法制定（1953年）」に大きな力となった。2012（平成24）年公益社団法人に移行している[7]。

以上，読者に馴染みのないと思われる専門的な用語（12項目）は，Ⅰ章においてゴシック体にしてあるので，気になった方は，本章（0章）に戻り確認していただきたい。

注・引用文献

1：日本図書館情報学会用語辞典編集委員会編．図書館情報学用語辞典　第5版．丸善出版，2020.
2：前掲1．
3：前掲1．
4：文部省．学校図書館司書教諭講習規程．昭和29年8月6日文部省令第21号，最終改正平成19年3月30日文部科学省令第5号．https://www.mext.go.jp/component/a_menu/education/micro_detail/_icsFiles/afieldfile/2015/08/05/1360328_01.pdf，（参照2024-06-15）.
5：文部科学省．学校司書モデルカリキュラム．https://www.mext.go.jp/a_menu/shotou/dokusho/link/_icsFiles/afieldfile/2018/10/25/1410290.pdf，（参照2024-06-15）.
6：全国学校図書館協議会『どう使う？　学校図書館と1人1台端末　はじめの一歩』編集委員会編著．どう使う？　学校図書館と1人1台端末　はじめの一歩．全国学校図書館協議会，2022，p. 9.
7：全国学校図書館協議会．全国SLAとは．https://www.j-sla.or.jp，（参照2024-06-15）.

参考文献

鈴木哲也．学術書を読む．京都大学学術出版会，2020，138p.

Ⅰ章

序論

本書は，教員の学校図書館活用の推進のため，組織論の視点から教員・司書教諭・学校司書の協働構築方法について具体的に提案するものである。

教員が学校図書館活用を行うためには，**学校図書館**の蔵書構成やその活用の方法，**学校図書館の３つの機能（役割）**の認識など専門的知識や時間的な余裕が必要なため**学校図書館担当者（司書教諭と学校司書）**からの支援，つまり，協働が求められる。そこで，組織論の視点から，両者が協働を構築する方法を検討し，協働構築の理論的枠組みと具体的な方法を新しく提案する。

本章では，本書で使用する用語の概念，研究の背景，先行研究，本書の構成について説明する。用語の概念では，学校図書館と学校図書館活用，学校と学校図書館両組織と両組織構成員，学校組織内の協働構築，協働のパターン，学校図書館活用における３つの協働構築について解説する。研究の背景では，教育的背景，協働構築の背景，組織論的背景について述べる。先行研究では，教員の学校図書館活用の先行研究，協働構築の先行研究，組織論応用の先行研究について提示する。本書の構成では，０章からⅤ章までの概要について言及する。なお，ゴシック体の用語については「０章　学校図書館の基礎知識」に詳しく説明してあるので参照してほしい。

1.1　本書で使用する用語の概念について

1.1.1　学校図書館と学校図書館活用

「学校図書館」とは，「**学校図書館法**」(1953年）によれば，小学校，中学校，高等学校及び特別支援学校に設けられている図書館のことであり，その設置は義務づけられている。また，その目的は大きく２つあり，学校の教育課程の展開に寄与することと児童生徒の健全な教養を育成することである。

一方，学校図書館の機能（役割）は，**学校図書館ガイドライン**によると，読書センター，学習センター，情報センターの３つの機能がある。読書センターとしての機能は，児童生徒の創造力を培い，学習に対する興味・関心を呼び起こし，豊かな心や人間性，教養，想像力などを育む自由な読書活動や読書指導の場を指す。学習センターとしての機能は，児童生徒の自発的・主体的・協働的な学習活動を支援し，授業内容を豊かにし，その理解を深める学習活動の支援の場を指す。情報センターとしての機能は，児童生徒や教職員の情報ニーズに対応し，児童生徒の情報活用能力（情報の収集・選択・活用）の育成の場を指す。

一方，学校教育における「学校図書館」の位置づけは，戦後，1950年に訪日した第２次米国教育使節団がもたらした“学校図書館は学校の心臓部となるべきである”という考えに端を発し，学校図書館を学校教育の中心に位置づけたものであった[1]。しかし，このことは学校図書館関係者（学校図書館関係団体，学校図書館研究者など）には認識されたが，学校教育においては同様に認識されてくることはなかった。学校教育では，学校図書館は**司書教諭講習**と読書指導の分野で言及されるかぎりであり，学校図書館は学校教育において中心ではなく周辺的な位置づけであった。そのため，一部の熱心な教員の活用の場であり，多くの教員の活用の場ではなかった。つまり，学校図書館は学校教育の中心に位置づけられることはなく周辺で孤立し，学校教育と学校図書館の間に乖離があった[2]。

本書で使用する「学校図書館活用」の概念は，教員や学校図書館担当者（司書教諭と学校司書）から児童生徒への学校図書館を活用した指導に加え，児童生徒自身・教員自身の学校図書館を活用した学習も含んでいる。教員自身の学習には，自身の課題解決のための学習，学校図書館担当者が実施する教員向けのオリエンテーションや研修への参加（学校図書館利用方法の紹介など），学校外の研究会や学会やシンポジウムへの参加がある。さらに，児童生徒の学校図書館を活用した学習（課題解決学習，探究学習[3]，共同学習，教科横断学習，総合学習など）への指導を通して得る教員の学びも含まれる。

学校教育における「学校図書館活用」の実施状況は，**全国学校図書館協議会**

（全国 SLA）による「教科等の学習での学校図書館の利用」（2022年）の調査発表によると，「よく利用されている」学校の割合は，小学校で41.5％（38.4％），中学校で6.7％（7.9％），高等学校で12.3％（15.0％）である。なお，（　）内は2018年の調査発表の数値である。この結果から，学校教育において学校図書館は活用されていないことは明らかである。このように，学校教育において学校図書館が活用されない要因は，第一に，学校図書館の整備（人，資料，施設設備，情報）が充実していないこと，第二に，学校教育に学校図書館活用が位置づけられていないことが挙げられる。

第一の要因である学校図書館の整備充実の不足は，以下に示した２つの国の施策により充実しつつある。第一に，1993年度から2026年度まで教育行政による学校図書館に対する財政支援施策「学校図書館図書整備等５か年計画」（2022年度に第６次が始まっている）が継続的に実施され，学校図書館の資料整備，新聞配備，学校司書配置は充実してきている。第二に，1997年と2014年に実施された学校図書館法の改正による司書教諭発令義務（12学級以上の学校における司書教諭の発令義務，1997年）と，学校司書配置努力義務（学校司書の法制化と配置努力義務，2014年）により，学校図書館の人の配置は進んできている。

しかし，学校図書館の整備が充実し，人の配置が進んでも，教員が学校教育において学校図書館を活用しないということでは，宝の持ちぐされである。つまり，学校図書館は学校教育において教員にいかに活用されるかが重要であり，教員に活用されて初めて学校図書館は機能するのである。たとえ，整備や人の配置が行き届かない学校図書館においても，教員に活用されることで，学校図書館は機能し，学校教育に位置づけられる。そこで，筆者は，第二の要因である学校教育に学校図書館が位置づけられていないことに注目し研究を進めることとした。

1.1.2　学校と学校図書館両組織と両組織構成員

本書では，「組織」を「２人以上の人々が意識的に協働することで調整された諸活動，諸力の体系（システム）」と定義した[4]。

本研究において対象とする組織は，学校図書館を活用する主体は教員であるため，学校図書館組織だけでなく学校組織の視点も持つ必要があると考えた。

したがって，研究対象とする組織を「学校組織」と「学校図書館組織」とし，組織の構成員を「学校組織構成員」と「学校図書館組織構成員」とした。

なお，「学校組織構成員」は，教員免許を持つ教員だけでなくスクールカウンセラー，ALT（外国語指導助手），学校司書などの教員免許以外の専門資格を持つ多様な専門職を含め，「教職員」と捉えた。一方，「学校図書館組織構成員」は，教員免許と学校図書館の専門資格を持つ司書教諭と専門資格を問わない学校司書と捉えた（前出学校図書館担当者と同義）。学校図書館法の規定で司書教諭発令の義務がない11学級以下の学校では，学校図書館担当教員が司書教諭の役割に当たっており，これらの教員も学校図書館組織構成員とした。

1.1.3　学校組織内の協働構築

経営活動における組織の目的を達成しようとする時，さまざまな場面において組織構成員の能力に限界があり，この能力の限界を克服するには，目的の変更もしくは能力の限界克服の手段・方法を創出することが求められる。能力の限界克服の最も有効な手段・方法は，組織内の人々の協働構築である。つまり，組織内の人々に協働をどのように構築するかが組織における経営活動の課題である。ピーター・センゲ（Senge, Peter M.）は，「協働構築は，組織内の人の思考様式（どう考えるか）と行動様式（どう行動するか）の調整の工夫，職務体制（人の配置）の調整の工夫，職務分担（分業）の工夫が有効である」と述べている[5]。

まず，学校教育における協働構築に目を向けると，長きにわたり，教育は教員の個人的な努力と思われてきた。しかし，近年，教育課題の複雑多様化に伴い教職員間の協働へと変わってきており，チームで働くことが求められている。つまり，学校教育においても協働構築は重要な課題となっている。

次に，学校組織内の協働構築について，組織力の視点で概観する。組織力は，「装置（組織構造：職務体制・職務分担，権限関係，目標，評価，研究，研修など）」「個業化（個人）」「統合化（組織文化）」「協働構築（相互行為）」の４つがうまくかみあって展開する時に形成され，「装置」を作っただけでは組織力は形成されない[6]（図Ⅰ-１）。学校組織は，学級王国[7]や教科指導の独自性に見られる「個業化」としての側面と，生徒指導に見られるような共通理解に基づいた

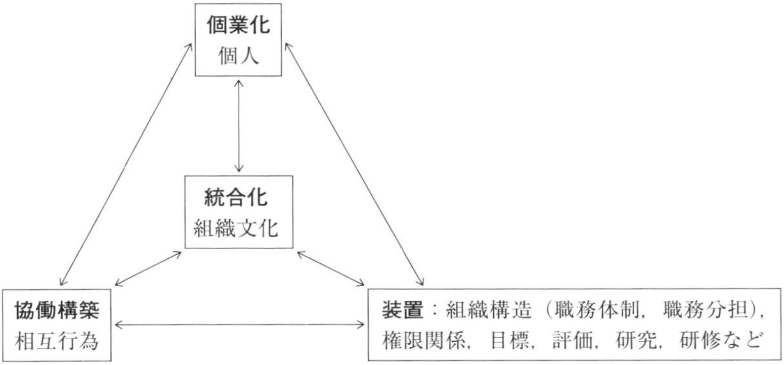

図Ⅰ-1　学校組織内の組織力の形成

出典：水本徳明．スクールマネジメントの理論．スクールマネジメント：新しい学校経営の方法と実践．ミネルヴァ書房，2006，p. 34-35．を参考に筆者作成。

「統合化」の二つの相反する側面が共存している組織である。「個業化」の側面が強まると情報交換の乏しい閉ざされた組織文化が形成され，反対に「統合化」が強まると，管理的で強制的な組織文化が形成される。

学級経営全般に関しては，大まかな方針をのぞき，教員個々の専門性を尊重した「個業化」が教員のモチベーションや組織の目標の達成において望ましい。一方，学校全体に関わることは，職員会議を中心とした活発な議論を通した意思決定がなされる「統合化」が重要である。このような「個業化」と「統合化」の調整の過程において，教職員間に「協働構築」が推進され，「装置」の機能は発揮され，学校組織の組織力は形成される。

仮に，研究指定により評価，研究，研修などの「装置」が一時的に実施されても，「個業化」「統合化」「協働構築」を考慮せず，組織力の形成に至らなければ，研究指定期間終了と共に組織力は自然消滅してしまい，「装置」は継続しない。組織力を形成するには，「協働構築」を用いて「個業化」「統合化」「装置」を調整することが重要である。つまり，「協働構築」には，「個業化」「統合化」「装置」を調整した組織力の形成が求められる（図Ⅰ-1）。

1.1.4　協働パターン

本書では，協働を「均質性協働」と「専門性協働」の２つのパターンで理解する[8]。「均質性協働」は同職種間の協働であり，「専門性協働」は異職種間の協働を指す。「均質性協働」は，ほぼ同じ背景を持ち，綿密なやり取りがなくとも相互理解が進むため，協働は容易である。しかし，複雑多様な課題解決には専門の範囲外となることが多く，課題に応ずることができず課題解決は困難となる。

一方，「専門性協働」は，異なる背景を持ち，互いの専門性を理解し合わないと通じないため，協働は困難である。しかし，複雑多様な課題解決には，個々の専門性に応じ部分的（限定的）に関わり，課題に応じて組織構成員が選ばれチームを組むことで，複雑多様な課題に対応でき，課題解決は容易である（表Ⅰ-1）。現在，学校教育の課題は複雑多様になっており，このような課題を解決するには，「専門性協働」が求められる。

表Ⅰ-1　均質性協働と専門性協働の特徴

	均質性協働	専門性協働
構成員の特徴	ほぼ同じ専門教育課程・職業観をもつ	異なる専門教育課程や職業観をもつ
職務分担	職能や個人的資質（能力）により，その範囲内であれば流動的に職務交代ができる	専門性に基づき固定される。職務が重なる部分もあるが職務分担の取り決めが欠かせない。異なる職種の人が能力的に可能でも職務交代はできない
関係性	能力，経験年数によるタテの関係	専門性によるヨコの関係
協働構築（相互理解）	ほぼ同じ背景を持ち綿密なやり取りがなくとも通じ合う（協働構築容易）	異なる背景のため互いの専門性を理解し合わないと通じない（協働構築困難）
複雑多様な課題解決の対応	課題が専門内のことであれば流動的に役割位置づけを交代することができ対応可能だが専門外のことになると課題の複雑多様性に対応できない（課題解決困難）	課題に応じて構成員が選ばれチームを組むことで，個々の専門性に応じ部分的（限定的）に関わるため課題の複雑多様性に対応できる（課題解決容易）

出典：渕上克義．学校組織の人間関係．ナカニシヤ出版，1994，p. 63．を参考に筆者作成。

1.1.5　学校図書館活用における３つの協働構築

本書では，学校図書館活用における協働構築を，学校組織内，学校図書館組織内，教員と学校図書館組織構成員間の３つの協働構築に整理して捉える（図Ⅰ-2）。学校組織内は，教員と専門職との協働構築である（図Ⅰ-2，①）。学校図書館組織内は，司書教諭と学校司書の協働構築である（図Ⅰ-2，②）。教員と学校図書館組織構成員間は，教員・司書教諭・学校司書の協働構築である（図Ⅰ-2，③）。

教員と学校図書館組織構成員間（教員・司書教諭・学校司書）に協働が構築されるには，学校と学校図書館の両組織がそれぞれ有機的に機能していることが求められる。組織が有機的に機能している状態とは，組織の目的の下に組織構成員が必然的な関係性を持ち，相互に影響を与え合い，意思を伝達し合いながら組織の目的を能動的に実現しようと互いに結び合った統一体の状態のことで

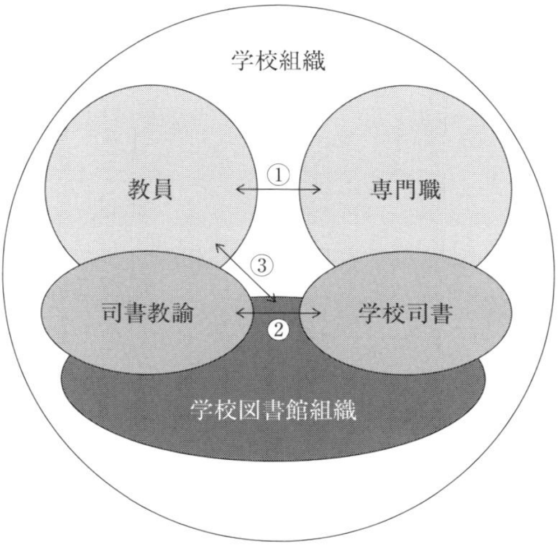

①学校組織内の協働構築（教員と専門職の協働）
②学校図書館組織内の協働構築（司書教諭と学校司書の協働）
③教員と学校図書館組織構成員間の協働構築（教員・司書教諭・学校司書の協働）

図Ⅰ-2　学校図書館活用における３つの協働構築

ある[9]。つまり，学校と学校図書館の両組織内に協働が構築されている状態を指す。すなわち，有機的に機能する学校と学校図書館両組織には自ずと教員と学校図書館組織構成員間に協働が生じるのである。この時，学校組織内の協働構築は，学校図書館組織内及び，教員と学校図書館組織構成員間の協働構築に影響を及ぼす因子であり，これら２つの協働構築の基盤である。

なお，これら３つの協働構築は，相互補完的な関係にあり，３つの協働構築が達成されることで，学校と学校図書館両組織は一つの統一体となり，教育効果が期待される。

次に，３つの協働構築について，協働のパターン（1.1.4）を用いて一つずつ概観する。学校組織内の協働構築は，教員同士や専門職同士の協働である「均質性協働」と，教員と専門職間の協働である「専門性協働」の２つのパターンがある。学校図書館組織内の協働構築は，司書教諭が教員と専門職を兼任しているため，学校司書との協働のパターンは，その立ち位置により変化する（表Ｉ-２）。つまり，司書教諭が教員の立場の時は「専門性協働」であり，専門職の立場の時は「均質性協働」である。最後に，教員と学校図書館組織構成員（司書教諭と学校司書）間の協働構築は，教員と司書教諭の場合，司書教諭の立ち位置により協働のパターンは「均質性協働」と「専門性協働」に変化する。一方，教員と学校司書の場合は「専門性協働」である（表Ｉ-３）。以下に，３つの協働構築における協働のパターンについて詳しく述べる。

まず，学校組織内における教員と専門職の協働のパターンは「専門性協働」であり，協働は困難である。その理由として，教員は，専門職に対する専門性を理解していないこと，自分の仕事は専門職の仕事より重要だという意識・認

表Ｉ-２　司書教諭と学校司書の協働パターン（学校図書館組織内）

		司書教諭	
		教員	専門職
学校司書	専門職	△	○

注１：○は均質性協働，△は専門性協働を表す。
注２：司書教諭と学校司書の協働：司書教諭と学校司書の協働は，専門性協働と均質性協働の場合がある。

表Ⅰ-3　教員と学校図書館組織構成員（司書教諭と学校司書）間の協働パターン

		教員
司書教諭	教員	○
	専門職	△
学校司書	専門職	△

注１：○は均質性協働，△は専門性協働を表す。
注２：教員と学校図書館組織構成員間の協働：教員と司書教諭の協働は均質性協働と専門性協働の場合がある。教員と学校司書の協働の場合は，専門性協働である。

識があること，専門職の学校組織全体への関与を期待していないことが挙げられる。一方，専門職は，勤務日が不定期または少ないという限られた職務体制で勤務していることが多い。その中で，専門性を確立し，その存在を周囲に示していくことの難しさがあり，その上，役割権限に対する自己評価の低さがある。さらに，教員が専門職と協働するには，所定の手続きが必要であることが多く，手間がかかり，教員の協働相手として意識に上りにくいことが挙げられる[10]。このように，教員と専門職の協働は，その過程において葛藤が伴うため難しい。

次に，学校図書館組織内の協働のパターンは，司書教諭の立ち位置により変化し，その立ち位置が教員の時は「専門性協働」となり協働は困難であり，立ち位置が専門職の時は「均質性協働」であり，協働は容易である（表Ⅰ-２）。

最後に，教員と学校図書館組織構成員間の協働のパターンは，教員と司書教諭の場合，司書教諭の立ち位置が専門職の時は「専門性協働」であり，協働は難しい。一方，教員と学校司書の場合は「専門性協働」となり，協働は困難である（表Ⅰ-３）。また，教員が学校図書館を活用する時は，教員と学校図書館組織構成員間と学校図書館組織内の協働が同時に起こることが多い。つまり，教員・司書教諭・学校司書の協働が同時に起こる。その時の協働のパターンは司書教諭の立ち位置により変化するため，三者の協働は非常に複雑になる。このような，教員・司書教諭・学校司書の協働のパターンの複雑性が，教員の学校図書館活用における協働を難しくしている要因の一つである。

1.2　研究の背景

1.2.1　教育的背景

学校図書館活用における教育的背景を，国の教育施策，学習指導要領，Society5.0，大学入試体制の４つの視点で概観する。

国の教育施策は，「**子どもの読書活動の推進に関する法律**」（2001年）において，読書活動推進に関する多くの施策[11]を実施している。文化審議会答申「これからの時代に求められる国語力について」（2004年）では，国語力の育成，「**文字・活字文化振興法**」（2005年）では，学校教育における言語力涵養[12]の要請が提言された。このように，「読書活動推進」「国語力育成」「言語力涵養」をキーワードに学校図書館活用は求められてきた。

学習指導要領は，約10年ごとに改訂され，これを基準に教育課程が作られ，全ての子どもの基礎学力や教養の保障を示しており，学校教育にとり重要なものである[13]。学習指導要領では，学校図書館活用の記述が増やされ，学校図書館活用は必要とされている[14]。

Society5.0とは，文部科学省の「Society5.0に向けた人材育成：社会が変わる，学びが変わる」（2018年）によれば，学校教育について“一斉一律の授業スタイルの限界から抜け出し，読解力などの基盤的学力を確実に習得させつつ，個人の進度や能力，関心に応じた「多様な学びの場」となること”が求められており，学校図書館活用はこのような学校教育に対する要請に合致している。

大学入試体制は，従来の学校教育は知識の詰め込み教育が最も即効的なため，一斉一律の授業スタイルが主流であった。しかし，文部科学省の「高大接続システム改革会議『最終報告』」（2016年）において，“大学入学選抜は，高等学校教育と接続し，双方の改革の実効性を高める上での重要な役割を果たすものであり，入学希望者が培ってきた「学力の３要素（確かな学力，豊かな人間性，健康と体力）」を多面的・総合的に評価するものに転換すること”が述べられている。つまり，これまでの一斉一律の授業スタイルによる知識の詰め込み教育ではなく，多面的・総合的な学びを育成することが望まれている。このような学びは，多種多様な資料を活用する学校図書館の授業スタイルとの親和性が高く，大学入試体制の改革から学校図書館活用は求められているといえる。また，このような学びは，高校から中学・小学校の学びまで広がっていくことが予想される。

以上のように教育的背景から学校図書館活用は要請されているのである。

1.2.2　協働構築の背景

学校図書館活用における協働構築の背景を，子ども読書サポーターズ会議の報告書，学校図書館法，新学習指導要領，第三期教育振興基本計画の４つの視点で概観する。

子ども読書サポーターズ会議の報告書「これからの学校図書館の活用の在り方等について（報告）[15]」では，教員サポート機能を，“教員の授業改善等の取組を支援するため教材研究や授業準備などをサポートする学校図書館の機能である”と示している。つまり，学校図書館組織構成員から教員への支援，つまり，両者の協働構築を学校図書館の機能として明記し，両者の協働構築を求めている。

「学校図書館法：第２条（定義）」には，学校図書館の目的として，「学校の教育課程の展開に寄与するとともに，児童又は生徒の健全な教養を育成すること」の２点が述べられている。この内の「教育課程の展開に寄与する」は，教員の編成する教育課程[16]に学校図書館活用が示され，教員が学校図書館活用を実践する時に，学校図書館組織構成員から支援することである。つまり，教員と学校図書館組織構成員間の協働構築を求めている。

「新学習指導要領（2017年告示）」の『小学校学習指導要領解説総則編』の第３章第３節：教育課程の実施と学習評価の「主体的・対話的で深い学びの実現に向けた授業改善[17]」に以下のような学校図書館活用に関する記述がある。

> 学校図書館を計画的に利用し，その機能の活用を図り，児童の主体的・対話的で深い学びの実現に向けた授業改善に活かすとともに，児童の自主的・自発的な学習活動や読書活動を充実すること。また，地域の図書館や博物館，美術館，劇場，音楽堂等の施設の活用を積極的に図り，資料を活

用した情報の収集や鑑賞等の学習活動を充実すること。学校図書館の利活用を進めるに当たって，図書館資料の充実と，学校図書館の運営等に当たる司書教諭及び学校司書の配置の充実や資質・能力の向上を図ることが大切である。（略）それぞれが互いに連携・協力し，組織的に取り組むよう努めることが大切である。

このように，学校図書館活用に関して，授業改善に活かすこと，児童の自主的・自発的な学習活動や読書活動を充実することなど記されている。さらに，司書教諭と学校司書配置の充実と資質の向上，連携・協力し組織的に取り組むこと，つまり，組織的な協働構築が望まれている。なお，「新学習指導要領」は，小学校2020年度，中学校2021年度，高等学校2022年度から実施されている。

文部科学省による「第３期教育振興基本計画」（2018年）では，教育をめぐる現状と課題を踏まえ，2030年を展望した教育政策の重点事項が述べられている。その中に，学校図書館活用に関して，“**学校図書館図書標準**の達成に向けた図書の整備や新聞の配備，司書教諭の養成や学校司書配置に対する支援のほか，学校図書館ガイドラインや**学校司書モデルカリキュラム**の周知により地域ボランティア等も活用しつつ，学校図書館の整備充実を図る”と記されている。このように，学校図書館の整備充実のために，学校図書館担当者（司書教論，学校司書，ボランティア）の協働構築を求めている。

以上のように，協働構築の背景から学校図書館活用は要請されている。

1.2.3　組織論的背景

学校図書館活用における組織的背景を図書館経営の視点で概観する。

図書館経営について，高山正也は，組織体としての集合的な思考能力が求められると述べ，この組織体としての集合的な思考能力を高める条件としてベン・ヘアーズ（Heris, Ben）とゴードン・パーソン（Pehrson, Gordon）を紹介している[18]。ヘアーズとパーソンは以下の３点を強調している。第一に，図書館経営は，組織の課題に個人的な経験と能力だけでは対応できないため，組織として対応すること，第二に，組織体の業務は行動と共に思考にも注目すること，第三に，組織では，「複雑に考える」考え方に移行することである。以上の３点を学校図書館経営に当てはめてみると，第一に，学校図書館組織の課題は個人的な経験と能力で対応できないため組織として対応すること。第二に，学校図書館組織の業務は，学校図書館組織構成員の行動と共に思考にも注目すること。第三に，学校図書館組織では，「複雑に考える」考え方に移行することである。以上のように，学校図書館経営には，組織体としての集合的な思考力が必要であり，それを高める条件として，組織論の視点が求められる。

1.3　先行研究

1.3.1　教員の学校図書館活用の先行研究

教員の学校図書館活用における学校図書館組織構成員からの支援は，学校図書館法に明記されているが，これまで，児童生徒に対する支援が主であり，教員に対する支援はあまり考えられてこなかった。そのため，教員の学校図書館活用に視点を置いた先行研究は少ないが，何点か散見される。教員の学校図書館活用の先行研究は，注・引用文献に載せてあるのでそれらを参照してほしい[19-22]。

これらの先行研究の課題から今後の教員の学校図書館活用の研究は，研究範囲を学校組織と学校組織構成員まで拡張し，教員の学校図書館活用の実態を検討し，教員の学校図書館活用に対する要因を明らかにする研究と，教員を支援する学校図書館組織構成員（司書教諭と学校司書）の職務体制の現状を検証する研究が必要であることが確認された。

1.3.2　協働構築の先行研究

学校図書館活用における協働構築の先行研究は，学校図書館組織と学校図書館組織構成員に止まる実践研究が多い。それらの研究を本書で用いている「３つの協働構築」の視点（学校組織内，学校図書館組織内，教員と学校図書館組織構成員間）で概観する。次に示す３つの視点ごとに注・引用文献に載せてある。学校組織内の協働構築の研究[23-25]，学校図書館組織内の協働構築の研究[26-29]，教員と学校図書館組織構成員間の協働構築の研究[30-33]。

以上の先行研究の課題から，まず，学校組織内の協働構築の研究は，学校組織の特徴を考慮した協働構築方法を具体的に提示するものが求められることが示された。次に，学校図書館組織内の協働構築の研究は，学校図書館組織構成員の職務分担を明確にするものが望まれることが確認された。最後に，教員と学校図書館組織構成員間の協働構築の研究は，両者の協働構築方法を具体的に提示する必要のあることが明らかにされた。

1.3.3　組織論応用の先行研究

学校図書館は長いこと司書教諭と学校司書の配置が進まず，どちらかが配置されるだけの一人職場であり，組織として成立してこなかった。そのため，学校図書館研究において組織論を応用した先行研究はほとんど見られなかった。

しかし，２回の学校図書館法改正（1997，2014年）や学校図書館関係者の要望等により，学校図書館に司書教諭の発令，学校司書の配置が進むようになってきている。その結果，学校図書館の職務体制は，両者の配置による二人体制化が進み，学校図書館は組織とみなすようになってきた（1.1.2）。このような状況のため，学校図書館経営の研究は何点か散見されるが，組織論応用の研究は少ない。学校図書館活用における組織論応用の先行研究は，注・引用文献に載せてある[34-38]。

これらの先行研究の課題から今後の組織論応用の研究は，学校図書館組織を学校組織内に位置づけ，学校図書館組織構成員を「チームとしての学校」の一員と捉え，学校組織に合致した組織論を応用した論理的なものが必要であることが明らかになった。

1.4　本書の構成

本書は，教員の学校図書館活用の推進のために，組織論の視点から教員・司書教諭・学校司書の協働を構築する方法について具体的に提案するものである。まず，教員・司書教諭・学校司書の協働を「学校組織内（教員と専門職）」「学校図書館組織内（司書教諭と学校司書）」「教員と学校図書館組織構成員間（教員・司書教諭・学校司書)」の３つの協働に整理した。次に，学校図書館活用における協働構築方法を提案するために，研究課題を３つ設定した。第一に，学校図書館活用の要因と協働の現状を明らかにすること，第二に，協働構築における阻害要因と協働構築の方法を示すこと，第三に，学校組織に合致する組織論を応用した協働構築方法を具体的に提示することとした。これらの研究課題に対応した研究を４つ実施した。これら４つの研究は，Ⅱ章（研究課題１：研究１，２），Ⅲ章（研究課題２：研究３），Ⅳ章（研究課題３：研究４）でそれぞれ言及する。

０章では，学校図書館の理解を深めるため「学校図書館入門」として学校図書館に関わる基礎知識を12項目抽出し，解説した。

Ⅰ章では，序論として，本書で使用する用語の概念，研究の背景，先行研究について述べた。その結果，学校図書館活用の研究は，研究範囲を学校組織と学校組織構成員まで拡張して教員の学校図書館活用の実態を検討し，教員の学校図書館活用の要因を明らかにする研究と学校図書館組織構成員（司書教諭と学校司書）の職務体制の現状を明らかにする研究が必要であることが挙がった。協働構築の研究は，学校組織の特徴を考慮した協働構築方法を具体的に提示する研究，学校図書館組織構成員の職務分担を明確にする研究，教員と学校図書館組織構成員間の協働構築方法を具体的に提示する研究が必要であることが挙がった。組織論応用の研究は，学校図書館組織を学校組織内に位置づけ，学校図書館組織構成員を「チーム学校」の一員と捉え，学校組織に合致した組織論を応用した論理的研究が必要であることが挙がった。

Ⅱ章では，教員の学校図書館活用の要因と学校図書館組織構成員の職務体制別の学校図書館活用効果について明らかにするため，教員の学校図書館活用と学校図書館組織構成員の職務体制に視点を置き，２つの研究（研究１，研究２）を実施した。研究１では，質問紙調査と面接調査を実施し，研究２では，ウェブ調査の分析を行った。研究１における質問紙調査では，学校図書館が活用されている８校の小学校の授業担当教員160名を対象に，学校図書館活用に関する教員の意識と利用実態について尋ねた。面接調査では，同質問紙調査の対象者のうち，各学校から２名ずつ対象に，学校図書館活用に関する教員の意識と利用実態について詳しく尋ねた。２つの調査の結果を５つのカテゴリ（学校図書館活用のきっかけ，学校図書館活用での工夫・利点，学校図書館活用がしにくい・しない理由，学校図書館活用で得られたもの，学校図書館活用での課題）に分類し，整理した。質問紙調査と面接調査の分析の結果，学校図書館活用の要因として，８つの要因（校務分掌での学校図書館担当経験，学校図書館活用の意義・必要の実感，学校図書館に活用できる資料が揃っていると実感など）と，協働は停滞していることが示された。研究２におけるウェブ調査では，司書教諭が発令されている246校の小学校の一般教員571名とその学校図書館担当教員246名を対象に，学校図書館組織構成員の職務体制の違いによる学校図書館サービスと学校図書館活用の効果や協働の現状を検討した。分析の結果，職務体制が整っている学校（司書教諭時間確保有・学校司書有）では，学校図書館サービスと教員の学校図書館活用の効果が認められ，教員と学校図書館組織構成員間の協働構築に有効な職務体制であることを明らかにした。

Ⅲ章では，３つの協働構築（学校組織内，学校図書館組織内，教員と学校図書館組織構成員間）における阻害要因を検討し，この阻害要因を抑制し協働を構築する方法を検討するために，文献調査を行った（研究３）。文献調査の過程は，まず，協働に関する関連文献を個別に収集し，協働の定義から６つの協働構築の観点（職務体制，職務分担，組織の自立など）を導き出した。次に，協働構築の観点を基に，教育学，学校図書館における協働に関する文献を個別に収集し，３つの協働構築における阻害要因を明らかにした。最後に，これらの阻害要因を抑制し協働を構築する方法として，10点（学校と学校図書館両組織内及び教員と学校図書館組織構成員間におけるフォーマル，インフォーマルなコミュニケーションの活性化による専門性の相互理解の推進と同僚性の回復，全教員の間接・直接の学校図書館運営により学校図書館活用の理解を深める，教員・司書教諭・学校司書合同の継続的な研修の実施，実質的な評価の実施など）が挙がった。これらの協働構築方法を実践するには組織構成員の個人の力量や取り組みでは限界があり，組織として取り組む必要があることを示唆した。

Ⅳ章では，組織的な取り組みで協働を構築する方法を提案するために，学校組織に合致した協働構築の組織論に関する文献調査を行った（研究４）。文献調査では，まず，経営論を起点とした組織論，学校と学校図書館の両組織で活用されてきた組織論の課題を解決し，両組織の特徴に合致した組織論を選択するための文献を収集した。その結果，ピーター・センゲ（Senge, Peter M.）の「学習する組織論」を選択した。この組織論は，組織構成員一人ひとりが５つのディシプリン（自己マスタリー，共有ビジョン，メンタル・モデル，チーム学習，システム思考）を総合的に実践する過程で協働が構築されるとしている。次に，この組織論を枠組みにⅢ章で明らかにされた協働構築方法を協働の観点ごとに具体化し提示した。最後に，協働構築方法の実践における注意事項，学校図書館組織構成員による教員支援方法における注意事項について触れた。

Ⅴ章では，結論として，まず，本研究で得られた知見を示し，次に，本研究の発展を述べ，最後に，本研究の課題と本研究の意義を述べた。研究の発展は，「学習する学校組織」と「学習する学校図書館組織」が構築されることで起こる学校組織の変化について述べた。研究の課題は，協働構築方法を検証すること，教員の学校図書館活用の問題意識・改善願望を検討すること，研究範囲を教育委員会まで拡張すること，学校組織構成員に児童生徒を含めること，研究対象を中学校・高等学校まで拡張すること，の５点が挙がった。研究の意義は，今後の「学校図書館研究」の橋渡しとなる研究であるとした。

なお，Ⅱ章は，本研究で実施した調査研究について示した章である。そのため，データ，図表，統計的な専門用語を多く含んでいる。調査研究とはどのようなものかとの視点で読んでいただければと思うが，読みとばしていただいても本研究の全体的な理解には差し支えないと考えている。

注・引用文献

1：根本彰監修，中村百合子ほか編著．図書館情報学教育の戦後史：資料が語る専門職養成制度の展開．ミネルヴァ書房，2015，p. 204.

2：根本彰．教育改革のための学校図書館．東京大学出版会，2019，p. 121-122.

3：探究学習とは，課題解決的な活動が発展的に繰り返されていく一連の学習活動である。課題解決的な活動とは，次のような探究の過程を持つ。①課題の設定：体験活動などを通して，課題を設定し課題意識をもつ。②情報の収集：必要な情報を取り出したり収集したりする。③整理・分析：収集した情報を，整理したり分析したりして思考する。④まとめ・表現：気付きや発見，自分の考えなどをまとめ，判断し，表現する。こうした探究の過程は，およその流れのイメージであり，いつも順序よく繰り返されるわけではなく学習活動のねらいや特性などにより順序が前後する場合がある。文部科学省．今，求められる力を高める総合的な学習の時間の展開：総合的な学習の時間を核とした課題発見・解読能力，論理的思考力，コミュニケーション能力等向上に関する指導資料（小学校編）．教育出版，2011，p. 17.

4：桑田耕太郎，田尾雅夫．組織論　補訂版．有斐閣アルマ，2010，p. 20-24.

5：ピーター・M・センゲ．学習する組織：システム思考で未来を創造する．枝廣淳子，小田理一郎ほか訳．英治出版，2011，p. 30.（原著　Senge, Peter M. The Fifth Discipline: The Art and Practice of the Learning Organization Revised Edition. Doubleday/ Currency，2006，445p.）

6：水本徳明．“スクールマネジメントの理論”．篠原清昭編著．スクールマネジメント：新しい学校経営の方法と実践．ミネルヴァ書房，2006，p. 34-35.

7：日本型の教室経営の様式のことであり，教室外の「一切の干渉を排す」という教師の態度を指す。佐藤学．「学級王国」の崩壊としての「学級崩壊」：学級崩壊を考える．日本教育心理学会総会発表論集．1999，vol. 41，p. 5.

8：荊木まき子，淵上克義．学校組織内の児童・生徒支援体制における協働に関する研究動向．岡山大学大学院教育学研究科研究集録．2012，vol. 151，p. 38-40.

9：有機的に機能している組織同士には自ずと協働が生まれる。田尾雅夫．よくわかる組織論．ミネルヴァ書房，2010，p. 133.

10：大澤克美．“第４章　チームアプローチの可能性を切り拓く教育の意識転換”．松田恵示ほか編．教育支援とチームアプローチ：社会と協働する学校と子ども支援．クラルテ，2016，p. 51.

11：「子どもの読書活動の推進に関する法律」（2001）に基づき，おおむね５年（2018～2022）にわたる子どもの読書活動の推進に関する基本方針と具体的方策を明らかにしている。学校（小学校，中学校，高等学校）は，学習指導要領を踏まえた読書活動の推進（学校図書館の計画的な利活用，障害のある子どもの読書活動の推進），読書習慣の形成，読書機会の確保（全校一斉読書活動，読書目標の設定，子どもによる読書紹介），学校図書館の整備・充実（学校図書館図書整備等５か年計画の推進，学校図書館図書標準の達成，情報化の推進，司書教諭・学校司書等の人的配置促進）が示されている。文部科学省．子供の読書活動の推進に関する基本的な計画（第四次）．2018．http://www.kodomodokusyo.go.jp/happyou/hourei.html，（参照2020-01-29）.

12：文字・活字文化振興法においての「言語力」：読む力及び書く力並びにこれらの力を基礎とする言語に関する能力を言う。文部科学省．文字・活字文化振興法．第三条３．2005．https://www.mext.go.jp/a_menu/shotou/dokusho/link/080617/005.pdf，（参照2021-06-26）.

13：「学習指導要領」の構成は，教育課程全般にわたる配慮事項や授業時数の取り扱いなどを「総則」で定め，各教科等各々について，目標，内容，内容の取扱いを大まかに規定している。法的拘束力を持つ。

14：小・中・高共に，教育課程の実施，学習評価の項目に，「学校図書館を計画的に利用しその機能の活用を図り，児童の主体的・対話的で深い学びの実現に向けた授業改善に生かすとともに，児童の自主的・自発的な学習活動や読書活動を充実すること（小学校)」という記述があり，学校図書館の利活用を視野に入れた教育課程を組もうとしている。教科ごとに学校図書館に触れた項目有：小・中学校：国語，社会，美術，総合的な学習の時間，特別活動，高校：国語，公民，書道，美術，特別活動，地理歴史，音楽，総合的な探求の時間。文部科学省．小学校学習指導要領．2008．第１章総則，第４指導計画作成等に当たって配慮すべき事項（10）．https://www.mext.go.jp/a_menu/shotou/new-cs/youryou/syo/sou.htm，（参照2021-06-26）．

15：子どもの読書サポーターズ会議：(2007 ～ 2009年）文部科学省が設置し，有識者による子どもの読書活動の推進に向けた社会への発信や学校図書館の活性化等の方策に関する検討を進めてきた。“これからの学校図書館の活用の在り方等について（報告)”で「学校図書館に今後求められる６つの視点」を発表した。①学校図書館が中心となり，学校の読書活動を多様に展開する。②家庭や地域における読書活動推進の核として，学校図書館を活用する。③「学び方を学ぶ場」としての学校図書館の整備を進める。④学校図書館の教員サポート機能を充実させる。⑤「いつも開いている図書館，必ず誰かいる図書館」を実現し，「心の居場所」となる学校図書館づくりを進める。⑥放課後の学校図書館を地域の子どもたちなどに開放する。子どもの読書サポーターズ会議．これからの学校図書館の活用の在り方等について．審議経過報告．2008．http://www.mext.go.jp/a_menu/shotou/dokusyo/meeting/08093013/001.pdf，（参照2012-09-02)．

16：教育課程を作成するとは，学校教育の目的や目標を達成するために，教育の内容を子どもの心身の発達に応じ，授業時数との関連において総合的に組織した学校の教育計画を編成することである。その編成の主体は各学校である。各学校には，学習指導要領等を受け止めつつ，子どもたちの姿や地域の実情等を踏まえて，各学校が設定する教育目標を実現するために，学習指導要領等に基づきどのような教育課程を編成し，どのようにそれを実施・評価し改善していくのかという「カリキュラム・マネジメント」の確立が求められる。文部科学省．教育課程企画特別部会論点整理：学習指導要領の理念を実現するために必要な方策．2015．⑴「カリキュラム・マネジメント」の重要性．https://www.mext.go.jp/b_menu/shingi/chukyo/chukyo3/siryo/attach/1364319.htm，（参照2020-01-29)．

17：文部科学省．小学校学習指導要領（平成29年告示）解説：総則編．東洋出版社，2019，p. 91.

18：高山正也．“図書館経営論：その領域と特殊性”．図書館経営論の視座．日本図書館学会研究委員会編．紀伊國屋書店，1994，p. 15.,（論集・図書館学研究の歩み第13集)．

19：望月道浩．小規模校における学校図書館の現状認識に関する一考察：沖縄県Ａ郡ａ町における調査とともに．学校図書館学研究．2008，vol. 10，no. 3，p. 23-31.

20：全国学校図書館協議会．新教育システム開発プログラム報告書：学校図書館充実に関する調査．平成18年度・19年度文部科学省委託調査研究，2008，68p.

21：入江久恵．司書教諭の役割が活きる読書活動推進の在り方：読書指導・利用指導及び学校体制づくりに関する実態調査・事例研究に基づいて．福岡市教育センター研究紀要．2003，vol. 883，p. 17-18.

22：日本学校図書館学会調査委員会．平成22・23年度調査研究報告書：学校図書館の現状

に関するアンケート調査．日本学校図書館学会，2012，p. 1-57.
23：天笠茂．一人ひとりの教師の意識を高め「協働する組織」をつくる．VIEW21［小学版］．2011，vol. 1，p. 16-17.
24：浜田博文．小学校の学校改善過程に及ぼす組織的要因に関する研究：教師の自立と協働の連関要因に着目して．筑波大学教育学系論集．2009，vol. 33，p. 41-54.
25：水本徳明．学習観の転換と経営管理主義の行方：公教育経営における権力様式に関する言語行為論的検討．教育学研究．2017，vol. 84，no. 4，p. 398-409.
26：中村百合子，黒沢学．千葉県市川市における学校図書館への複数職種の配置とその連携：学校図書館関係職員の意識調査から．日本図書館情報学会誌．2002，vol. 48, no. 1，p. 17-33.
27：塩見昇．学校図書館職員論：司書教諭と学校司書の協同による新たな学びの創造．教育史料出版会，2000，p. 191-193.
28：吉田昭．学校図書館業務分担意識調査：茨城県内公立小学校に対する．学校図書館．2005，vol. 651，p. 61-64.
29：平久江祐司．司書教諭と学校司書の連携の在り方．学校図書館．2014，no. 766，p. 41-44.
30：矢内昭．学校図書館の協力体制論は不毛か．学校図書館．1974，no. 288，p. 31-33.
31：坂田仰，黒川雅子ほか．司書教諭の現状と教職員の司書教諭に対する協働意識．学校図書館．2006，no. 671，p. 81-84.
32：吉澤小百合，平久江祐司．小中学校司書教諭・学校司書の学習支援に関する職務への教員の要望：質問紙調査の分析から．日本図書館情報学会誌．2017，vol. 63, no. 3, p. 141-158.
33：安藤友張．チーム学校と学校図書館．実践女子大学短期大学部紀要．2018，no. 39, p. 97-109.
34：長倉美恵子．高等学校図書館の運営・管理組織の型について．図書館学会年報．1970，vol. 16，no. 22，p. 37-41.
35：長倉美恵子．学校図書館の運営組織：英米両国との比較を中心に．国立教育研究資料．1973，vol. 48，no. 1，p. 1-59.,（学校図書館研究報告１）.
36：平久江祐司．学校図書館及び司書教諭に対する校長の意識の在り方：東京，大阪，京都の高等学校校長の意識調査の分析をもとに．日本図書館情報学会誌．2003，vol. 49，no.2，p. 49-64.
37：平久江祐司．新しい教育環境と学校図書館メディアセンター経営．学校図書館メディアセンター論の構築に向けて：学校図書館の理論と実践．日本図書館情報学会研究委員会編，勉誠出版，2005，p. 3-18.
38：塩見昇．学校図書館の教育力を活かす：学校を変える可能性．日本図書館協会，2016，p. 126-155.,（JLA 図書館実践シリーズ31）.

参考文献

岸川善光．経営組織要論．同文館出版，2015，317p.
塩次喜代明，高橋伸夫ほか．経営管理　新版．有斐閣アルマ，2009，308p.

関本浩矢．入門組織行動論　第２版．中央経済社，2014，285p.
ピーター・M・センゲ，ネルダ・キャンブロン=マッケイブほか．学習する学校：子ども・教員・親・地域で未来の学びを創造する．リヒテルズ直子訳．英治出版，2014，885p.（原著 Senge, Peter M. School That Learn: A Fifth Discipline Fieldbook for Educator, Parents and Everyine who Cares about Educator. Crown Business, 2012, 598p.）
田尾雅夫．よくわかる組織論．ミネルヴァ書房，2010，231p.
渕上克義．学校組織の人間関係．ナカニシヤ出版，1992，108p.

Ⅱ章

学校図書館活用の要因と学校図書館の職務体制別の効果

学校図書館活用の要因と学校図書館の職務体制別の効果について明らかにするため，教員の学校図書館活用の要因と学校図書館組織構成員の職務体制別の学校図書館活用効果に視点を置き，２つの研究（研究１，研究２）を実施した。研究1では，質問紙調査と面接調査を実施し，研究２では，ウェブアンケート調査の分析を行った。本章では，２つの研究について詳細に述べる。

2.1　教員の学校図書館活用の要因（研究１）

教員の学校図書館活用の要因を明らかにするために，教員の学校図書館活用における意識と実態について質問紙調査と面接調査を実施した[1]。

2.1.1　質問紙調査の研究

まず，教員の学校図書館活用における意識と実態を明らかにする質問紙調査の概要を説明する。調査対象校は，「人・資料・施設・設備が充実している学校図書館」があり，かつ，「学校図書館活用の努力をしている小学校」とした。具体的には，以下の５つの条件を設け抽出した。第一に，司書教諭が発令されており，学校司書が常駐している，第二に，蔵書冊数が学校図書館図書標準[2]を達成している，第三に，施設の広さが３教室分ほどあり，学校の中で使いやすい場所にある，第四に，教育目標，経営方針の中に学校図書館活用の記述がある，第五に，読書指導，読書活動が活発であり（読み聞かせ・全校一斉読書・読書週間の実施，推薦図書リスト作成など），さまざまな教科（国語，社会，総合など）で学校図書館が活用されている学校とした。なお，調査対象校を小学校にしぼった理由は，小学校，中学校，高等学校すべてを調査対象校にすることは調査及び分析規模の面で困難であること，学校教育における学校図書館の活用面，指導面において小学校は多様性が大きいこと，小学校は学校教育における学習の基盤が培われる学校段階であることが挙げられる。

抽出の結果，8校が調査対象校となり，この８校で授業を担当する全教員160人が調査対象者となった。８校は，東京都荒川区２校，新宿区１校，千葉県市川市３校の合計６校の公立小学校と，文京区にある国立小学校１校，東京都武蔵野市にある私立小学校１校であった。

調査方法は，調査対象校訪問時に質問紙調査票（巻末資料：付録１）を持参し，学校側の取りまとめ担当者（主に副校長，司書教諭，学校司書）に手渡し，後日回収する訪問留め置き調査を実施した。調査期間は2009年７月15日から９月４日であった。

（1）質問項目

質問項目は，教員の属性（５項目：問１～５），教員の学校図書館活用に対する意識（６問：問６～11），教員の学校図書館活用の実態（６問：問12～17）の計17問である（表Ⅱ-１）。本書では，調査で使用した「質問紙調査票」の質問項目を教員の属性，教員の学校図書館活用に対する意識，教員の学校図書館活用の実態に整理し，改めて質問番号を付与した。

（2）回収状況と分析方法

まず，質問紙調査の回収状況は，160件中145件回収した。しかし，その中に授業を担当することのない校長１件，副校長１件，養護教員３件，栄養士１件，学校司書1件が含まれており，以上の７件は分析から外したため有効回収数は138件となった（有効回収率：86％）。

次に，分析方法について述べる。分析対象の教員を学校図書館の活用授業時間数（１年間に学校図書館活用授業を何時間実施したか）で活用度の高い教員・低い教員に分類するため，学校図書館活用を前年度に行いながらも学校図書館活用の授業時間数を記入しなかった教員14件は分析から外し，分析対象教員は124件となった。この124件の内，前年度，授業で学校図書館を１授業時間（45分を１授業時間とする）以上活用した教員は，87件であり（70.2％），活用しなかった教員（０授業時間）は37件であった（29.8％）（表Ⅱ-１：問14）。一方，教

表Ⅱ－1　研究1－調査1：質問紙調査の質問項目

	質問番号	質問項目
教員の属性	問1	質問：教職歴を教えてください 1. ～5年, 2. 6年～10年, 3. 11年～20年, 4. 21年以上
	問2	質問：これまで校務分掌で学校図書館の係を担当したことがありますか。あるいは，今担当していますか 1. 現在担当中である, 2. 担当したことがある, 3. 担当したことがない
	問3	質問：司書教諭の資格をお持ちですか 1. はい, 2. いいえ
	問4	質問：あなたは，教員養成の時に図書館学，読書指導法等について学びましたか 1. はい, 2. いいえ
	問5	質問：あなたは，小中高校時代に学校図書館を使った調べる学習をしたことがありますか 1. はい, 2. いいえ
教員の意識	問6	質問：教材研究についてお聞きします ア. 教科書だけで教科目標を達成できる, イ. 教科書だけでは教科目標を達成できない, ウ. どちらとも言えない
	問7	調べる学習での学校図書館活用の理由を4段階：「非常に思う」「そう思う」「あまり思わない」「そう思わない」で尋ねた。 質問：「調べる学習」での学校図書館利用について以下の項目別にどう思われますか（1番近いと思われる数字に○をつけてください） ア. 学校図書館にカリキュラムに沿った活用できる資料が揃っている イ. 児童が学校図書館の利用に慣れている（利用指導がされている） ウ. 学校図書館は使いやすい場所にある エ. 授業を行うのに学校図書館を使う意義・必要を感じる オ. 学校図書館を使う授業の準備をする時間的余裕がある
	問8	質問：「読書活動」は児童のどのような面を伸ばすのに役立つと思いますか（特に役立つと思われるものを3つまで選び○を付けてください。1つでも2つでも可） ア. 知識が増える, イ. 想像力がつく, ウ. 生き方を学ぶ, エ. 考える力がつく, オ. 言葉を豊かにする, カ. 国語力がつく, キ. 集中力がつく, ク. 読書の楽しさを味わう, ケ. その他（　）
	問9	質問：学校図書館を活用される時，活用しにくい，または活用しない理由は何ですか（特にそう思われるものを3つまで選び○をつけてく

	質問番号	質問項目
教員の意識		ださい。１つでも２つでも可） ア．学校図書館に授業に必要な資料が揃っていないため，イ．限られた時間しか図書館が使えない（開館時間が短い）ため，ウ．学校図書館に学校図書館担当者が常駐していないため，エ．児童に利用指導（図書館の使い方・調べ方の指導）が行きわたっていないため，オ．時間的に余裕がないため，カ．教員自身が学校図書館の使い方が分からないため，キ．授業で学校図書館の資料を使わなくても間に合うため，ク．その他（　）
	問10	質問：学校図書館の役割で最も大切なものは何だと思いますか（特に大切だと思われるものを１つ選び○をつけてください） ア．児童の楽しみのための読書の場，イ．放課後の児童の居場所，ウ．児童の「心の居場所・第二の保健室」，エ．活用できる多様なメディアがある，オ．教員への資料提供，指導のサポート，カ．児童が教科学習の学び方を学ぶ場，キ．家庭・地域における読書活動の支援の場，ク．大切なものは特にない，ケ．その他（　）
	問11	質問：学校図書館に対するイメージをお伺いします。はい／いいえでお答えください ア．心が安らぐ場である，イ．人と人のふれあいの場である，ウ．楽しく親しめる場である，エ．居心地の良いところである，オ．堅苦しいところである，カ．活気のある場である，キ．文化の薫り高いところである，ク．情報化社会を感じさせるところである，ケ．児童の学習上不可欠な場である，コ．たいくつなところである，サ．めんどうくさいところである，シ．親切なところである，ス．児童と共に教員にとっても大切な場である
教員の活用実態	問12	どのような目的で，どの程度学校図書館を活用するかを４段階：「毎日使う」「週１～２回使う」「月１～２回使う」「使わない」で尋ねた 質問：あなたは，以下の目的別にどの程度学校図書館を使われますか（１番近いと思われる数字に○をつけてください） ア．児童が読書をするため（図書館での授業），イ．児童が「調べる学習」をするため（図書館での授業），ウ．教材研究のため，エ．学校図書館担当者に調べ物の相談をするため，オ．児童に奨める本を探すため，カ．国語の発展として読ませる本を探すため，キ．あなたの読む本を探すため，ク．その他（　）
	問13	質問：学校図書館を活用した教科について教えてください（該当の番号に○をつけてください。複数回答可） 1．国語，2．社会，3．算数，4．理科，５．音楽，6．図画工作，7．

	質問番号	質問項目
教員の活用実態		家庭科，8．体育，9．道徳，10．総合，11．英語，12．生活科，13．特別活動，14．その他（　）
	問14	質問：授業における学校図書館利用頻度はどのくらいですか（数字をご記入ください） 年に（　）授業時間程度（45分を1授業時間とする）
	問15	質問：教科書だけで教科目標を達成できない時，どのような方法で補足し，改善したら良いと思いますか（最も良いと思われるものを1つ選び○をつけてください） ア．学校図書館の資料を活用する，イ．公共図書館の資料を活用する，ウ．新聞を活用する，エ．書店で資料を購入する，オ．同僚の先生から資料を借りる，カ．インターネットを活用する，キ．補足する必要はない，ク．その他（　）
	問16	質問：「調べる学習」での学校図書館活用についてお聞きします（該当の記号に○をつけてください。複数回答可） ア．学校図書館担当者に学校図書館活用の授業計画や資料等の相談・依頼をする イ．学校図書館を使った授業の実践例を参考にする ウ．学校図書館を使った授業の児童の成果物を参考にする エ．「学校図書館を使う授業」の教員研修がある オ．学校図書館活用授業（教科学習・読書学習）を年間授業計画に組み込んでいる カ．学校図書館を使う効果的な学習活動の展開を心がけている キ．児童が学校図書館を自主的に活用するような課題を出す
	問17	質問：「児童の楽しみのための読書」での学校図書館利用についてお聞きします（該当の記号に○をつけてください。複数回答可） ア．学級文庫で間に合うので学校図書館は使わない イ．児童にお奨めの本を手渡している ウ．お奨めの本の参考リストがある エ．読み聞かせ，ブックトーク等指導を工夫している オ．児童に自由に読書させ，特に指導はしていない カ．自分で児童向けの本をなるべく読むようにしている キ．読書計画に基づいて指導している

注：本表は，質問紙調査で使用した調査票（付録1）の質問項目を教員の属性，教員の意識，教員の利用実態に整理している。学校図書館利用を学校図書館活用としている。

員の年間学校図書館活用の授業時間数は０授業時間から100授業時間まであり，バラつきが大きかった。その授業時間数の平均値（すべてのデータを足しデータの数で割った値）は19授業時間，中央値（データを小さい順に並べた時データの中央にある値）は10授業時間，最頻値（データの中でいちばん多く出現している値）は０授業時間であった。

本研究では教員を活用度の高・低で２つのグループに分け分析するため，教員の年間学校図書館活用の授業時間数のすべてが反映され，データ間の比較に向く平均値である19授業時間を基にそれぞれ分けた。その結果，活用度の低い教員（０～18授業時間）が70件（56％），活用度の高い教員（19～100授業時間）が54件（44％）となった。

次に，活用度（高・低）と教員の属性，教員の学校図書館活用の意識と活用の実態との関係を分析した。分析方法は，活用度（高・低）と選択肢法の項目との関係はクロス集計を行い，χ^2（カイ二乗）検定を適用した。活用度（高・低）と４段階評価法の項目との関係は，選択肢を得点化し（４点から１点），両群の平均値を算出し，t（ティー）検定を適用した。

（3）結果と考察

質問紙調査の結果，活用度の高い教員と低い教員において統計学的に有意な関係がみられた項目は，「属性」で２項目，「教員の意識」で８項目，「教員の活用実態」で16項目であり，合わせて26項目であった（表Ⅱ-２）。

「属性」の２項目は，校務分掌での学校図書館係担当経験あり，教員養成時の図書館学・読書指導法などの学習経験ありが挙がった。

「教員の意識」の８項目は，学校図書館活用の意義・必要を感じている，学校図書館に活用できる資料が揃っていると感じている，学校図書館を活用しにくい又はしない理由：限られた時間しか使えない（開館時間が短い），学校図書館のイメージ５項目（楽しく親しめる場，親切なところ，情報化社会を感じさせるところ，ふれあいの場，活気ある場）が挙がった。

「教員の活用実態」16項目は，「学校図書館活用の目的別頻度」で７項目，「学校図書館を活用している教科」で５項目，「教員の活用実態」で４項目であった。「学校図書館活用の目的別頻度」の７項目は，児童が読書をするため，

表Ⅱ-2　学校図書館活用度と有意な関係がみられた項目（26項目）

カテゴリー	質問番号	内容
教員の属性（２項目）	問２	校務分掌での学校図書館係担当経験あり
	問４	教員養成時の図書館学・読書指導法などの学習経験あり
教員の意識（８項目）	問７	学校図書館活用の意義・必要を感じている
	問７	学校図書館に活用できる資料が揃っていると感じている
	問９	学校図書館を活用しにくい又はしない理由：限られた時間しか使えない（開館時間が短い）
	問11	学校図書館に対するイメージ：楽しく親しめる場
	問11	学校図書館に対するイメージ：親切なところ
	問11	学校図書館に対するイメージ：情報化社会を感じさせるところ
	問11	学校図書館に対するイメージ：ふれあいの場
	問11	学校図書館に対するイメージ：活気ある場
教員の活用実態（16項目）	問12	学校図書館活用の目的別頻度：児童が読書をするため
	問12	学校図書館活用の目的別頻度：児童が調べる学習をするため
	問12	学校図書館活用の目的別頻度：教材研究のため
	問12	学校図書館活用の目的別頻度：児童に奨める本を探すため
	問12	学校図書館活用の目的別頻度：国語の発展として読ませる本を探すため
	問12	学校図書館活用の目的別頻度：学校図書館担当者に調べ物の相談をするため
	問12	学校図書館活用の目的別頻度：自分の本を探すため
	問13	学校図書館を活用している教科：国語
	問13	学校図書館を活用している教科：社会
	問13	学校図書館を活用している教科：総合
	問13	学校図書館を活用している教科：生活科
	問13	学校図書館を活用している教科：理科
	問16	学校図書館活用の効果的な学習展開を心がける

カテゴリー	質問番号	内容
	問16	学校図書館活用授業を年間授業計画に組み込む
	問16	学校図書館活用の実践例を参考にする
	問17	読み聞かせ・ブックトークなど指導の工夫をしている

児童が調べる学習をするため，教材研究のため，児童に奨める本を探すため，国語の発展として読ませる本を探すため，学校図書館担当者に調べ物の相談をするため，自分の本を探すためが挙がった。「学校図書館を活用している教科」の５項目は，国語，社会，総合，生活科，理科が挙がった。「教員の利用実態」の４項目は，学校図書館活用の効果的な学習展開を心がける，学校図書館活用授業を年間授業計画に組み込む，学校図書館活用の実践例を参考にする，読み聞かせ・ブックトークなど指導の工夫をしているが挙がった。

なお，学校図書館を活用している教科として挙がった５教科の国語・社会・総合・生活科・理科は，学校図書館の資料を教科書以外の補足資料として活用することで，その教科の課題を解決できるため，学校図書館を活用しやすい教科である。一方，図工・家庭科・体育・音楽等は，実技科目であり，学校図書館の資料を活用しにくいため，このような結果となったと考えられる。

以上述べてきた活用度の高・低において有意な関係のみられた26項目には，「学校図書館のイメージ」５項目と，「学校図書館活用の目的別頻度」の７項目の合計12項目が含まれるが，これらは学校図書館活用の結果であるため，教員の学校図書館活用の要因から除外する。その結果，教員の学校図書館活用の要因は14項目となった。この14項目のうち，学校図書館を活用している教科である国語・社会・総合・生活科・理科の５項目は「学校図書館を活用している教科」と１つにまとめ10項目とした（表Ⅱ-３）。

一方，教員の学校図書館活用における「協働」は，活用度の高低において有意な関係のみられる項目は認められなかった。

2.1.2　面接調査の研究

面接調査の目的は，第一に，質問紙調査で得られた学校図書館活用の要因の

表Ⅱ-３　学校図書館活用の要因（10項目）

カテゴリー	項目番号	質問番号	内容
教員の属性（２項目）	(1)	問２	校務分掌での学校図書館係担当経験あり
	(2)	問４	教員養成時の図書館学，読書指導法などの学習経験あり
教員の意識（３項目）	(3)	問７	学校図書館活用の意義・必要を感じている
	(4)	問７	学校図書館に活用できる資料が揃っていると感じている
	(5)	問９	学校図書館を活用しにくい又はしない理由：限られた時間しか使えない（開館時間が短い）
教員の活用実態（５項目）	(6)	問13	学校図書館を活用している教科（国語・社会・総合・生活科・理科）
	(7)	問16	学校図書館活用の効果的な学習展開を心がける
	(8)	問16	学校図書館活用授業を年間授業計画に組み込む
	(9)	問16	学校図書館活用の実践例を参考にする
	(10)	問17	読み聞かせ・ブックトークなど指導の工夫をしている

10項目をより深く探ることである（「属性」２項目，「教員の意識」３項目，「教員の活用実態」５項目）。第二に，教員の自由な意見を収集することで，質問紙調査作成時には想定できなかった学校図書館活用における教員の意識と実態を明らかにすることである。

調査対象者は，調査校８校の調査担当者（主に副校長，司書教諭，学校司書）に，面接調査を受けることのできる教員２～３人の選出を依頼した。その結果，活用度の高い教員16人が調査対象者となった。この16人に対し，事前に質問項目を７問用意し，それに沿ってインタビューを進めていく半構造化インタビューを実施した。面接調査はすべて，一対一で，15～60分程度行う個人面接法をとった。

（１）質問項目

まず，面接調査の第一の目的である「質問紙調査で得られた学校図書館活用

表Ⅱ－4　研究1－調査2：面接調査の質問項目

質問番号	質問項目
問1	学校図書館活用を行うきっかけは何か
問2	学校図書館活用を行い良かった点は何か
問3	学校図書館活用を行い大変だったことは何か
問4	学校図書館活用を行うに当たり工夫していることは何か
問5	教員の中に学校図書館活用をすることに意識差を感じることはあるか
問6	学校図書館活用をしない教員はどうしてしないのか，また，どうすれば行うようになると思うか
問7	学校図書館活用に関する課題は何か

の要因の10項目をより深く探ること」に対応する質問項目として，問1：学校図書館活用を行うきっかけは何か，問2：学校図書館活用を行い良かった点は何か，問3：学校図書館活用を行い大変だったことは何か，問4：学校図書館活用を行うに当たり工夫していることは何か，とした。

次に，第二の目的である「教員の自由な意見を収集することで，質問紙調査作成時には想定できなかった教員の意識と実態を明らかにすること」に対応する質問項目として，問5：教員の中に学校図書館活用をすることに意識差を感じることはあるか，問6：学校図書館活用をしない教員はどうしてしないのか，また，どうすれば行うようになると思うか，問7：学校図書館活用に関する課題は何か，とした（表Ⅱ－4）。

（2）分析方法

まず，インタビューをICレコーダーで録音し，得られた事例をすべて書き起こし，「聞き取り記録」（文書資料）を作成した。

次に，この「聞き取り記録」から，同様の事例を分類・配列し，それらを統合し5つのカテゴリー（①「学校図書館活用のきっかけ」，②「学校図書館活用での工夫・利点」，③「学校図書館活用をしにくいまたはしない理由」，④「学校図書館活用で得られたもの」，⑤「学校図書館活用での課題」）を作成した（図Ⅱ－1）。

次に，「事例－コード・マトリックス」（表）を作成した[3]。この「事例－コー

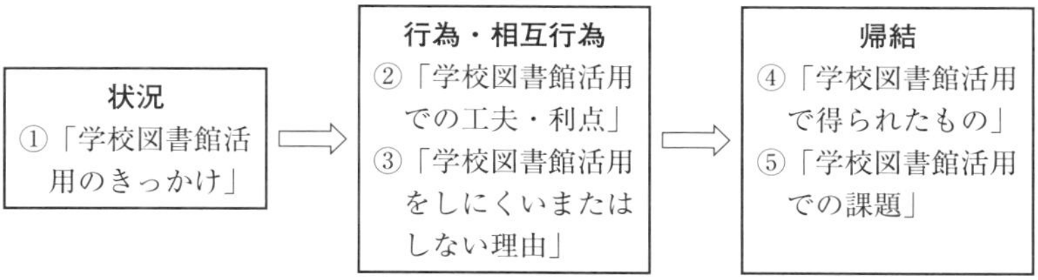

図Ⅱ－1　面接調査５つのカテゴリー間の関係

ド・マトリックス」を検討し，81のサブカテゴリーを抽出した。

最後に，81のサブカテゴリーを前述の５つのカテゴリーに分類し直し，「学校図書館活用に関する５つのカテゴリーと81のサブカテゴリー一覧」（巻末資料：付録２）を作成した。

（３）結果と考察

面接調査で整理した81のサブカゴリーを整理し，質問紙調査で得られた学校図書館活用の要因10項目と重なった項目は22サブカテゴリーあり，類似した内容のサブカテゴリーをまとめたところ９項目となった。この９項目は，「教員の属性」１項目，「教員の意識」３項目，「教員の活用実態」５項目であった（表Ⅱ－５：項目番号⑴～⑼）。なお，質問紙調査の結果と重ならなかった学校図書館活用の要因の１項目は，「教員の属性（教員養成時の図書館学，読書指導法などの学習経験あり）」であった（表Ⅱ－３：項目番号⑵）。

一方，81のサブカテゴリーの中で，質問紙調査作成時には想定できなかったサブカテゴリーは59サブカテゴリーあり，類似した内容のサブカテゴリー同士をまとめ，さらに，その回答件数が９件以上（調査対象教員16人中の過半数以上）となるサブカテゴリー群を１つのグループとしたところ，８項目抽出された（表Ⅱ－５：項目番号⑽～⒄）。つまり，面接調査から得られた「学校図書館活用の要因」は，質問紙調査で得られた学校図書館の活用の要因と重なった９項目と，質問紙調査と重ならなかったサブカテゴリーの内，回答件数が９件以上となった８項目を合わせた17項目であった。この17項目は，「教員の活用実態」10項目，「児童の実態：学校図書館活用の効果」３項目，「学校の実態」４項目に整理された。

表Ⅱ-5　学校図書館活用の要因（17項目）

	項目番号	サブカテゴリー番号	内容
教員の属性（１項目）	(1)	6，52	校務分掌での学校図書館担当経験あり
教員の意識（３項目）	(2)	35	学校図書館活用の意義・必要を感じている
	(3)	9，37，54，76	学校図書館に活用できる資料が揃っていると感じている
	(4)	13，45，53，78	学校図書館を活用しにくい又はしない理由：限られた時間しか使えない（開館時間が短い）
教員の活用実態（６項目）	(5)	30	学校図書館を活用している教科：国語・社会・総合・生活科・理科
	(6)	18，21，66	学校図書館活用の効果的な学習展開を心がける：児童生徒の主体的・自主的学びの工夫，系統的・計画的な利用指導
	(7)	2，20，49，68	学校図書館活用授業を年間授業計画に組み込む
	(8)	29，73，	学校図書館活用の実践例を参考にする
	(9)	23	読み聞かせ・ブックトークなど指導の工夫をしている
	(10)	19，35，41，60	教員と学校司書がコラボレーションをしている
児童の実態：学校図書館活用の効果（３項目）	(11)	56	児童に調べる力がついた
	(12)	57	児童が主体的・自発的な学び方をするようになった
	(13)	58，61，62，64	児童の意識，作品が変わり，児童が生きる力を獲得するようになった
学校の実態（４項目）	(14)	1，3，40	学校図書館活用の研究指定校になっている
	(15)	7，11，24，31，32，43，48，50，55，69	学校図書館活用を学校教育の中心に置く：校長のリーダーシップ，校務分掌に組織的な学校図書館活用部会あり

	項目番号	サブカテゴリー番号	内容
	⒃	12，36，67，70，71，75，77	職務体制を整備する：学校司書の常駐，司書教諭の専任化，能力ある学校司書の存在
	⒄	5，17，22，42，74	教育委員会からの働きかけ・支援がある：学校図書館ネットワークあり，教員研修あり

注1：サブカテゴリー番号は，付録3「Ⅱ章　学校図書館活用に関する5つのカテゴリーと81のサブカテゴリー一覧」にあるサブカテゴリー番号である。

まず，「教員の活用実態」10項目は，「教員の属性」が1項目（校務分掌での学校図書館担当経験あり），「教員の意識」が3項目（学校図書館活用の意義・必要を感じている，学校図書館に活用できる資料が揃っていると感じている，学校図書館を活用しにくい又はしない理由：限られた時間しか使えない（開館時間が短い）），「教員の活用実態」が6項目（学校図書館を活用している教科：国語・社会・総合・生活科・理科，学校図書館活用の効果的な学習展開を心がける：児童生徒の主体的・自主的学びの工夫，系統的・計画的な利用指導，学校図書館活用授業を年間授業計画に組み込む，学校図書館活用の実践例を参考にする，読み聞かせ・ブックトークなど指導の工夫をしている，教員と学校司書がコラボレーションをしている）であった。これら「教員の活用実態」の最後の項目「教員と学校司書がコラボレーションをしている」は，唯一の「協働」の項目であり，協働は少ないことが明らかになった（表Ⅱ-5：項目番号⑽）。

次に，「児童の実態：学校図書館活用の効果」3項目は，児童に調べる力がついた，児童が主体的・自発的な学び方をするようになった，児童の意識・作品が変わり児童が生きる力を獲得するようになった，であった（表Ⅱ-5：項目番号⑾～⒀）。

最後に，「学校の実態」4項目は，学校図書館活用の研究指定校になっている，学校図書館活用を学校教育の中心に置く：校長のリーダーシップ，校務分掌に組織的な学校図書館活用部会あり，職務体制を整備する：学校司書の常駐，司書教諭の専任化，能力のある学校司書の存在，教育委員会からの働きかけ・支援がある：学校図書館ネットワークあり，教員研修あり，であった（表

Ⅱ－5：項目番号⒁～⒄）。

2.1.3　教員の学校図書館活用の要因：質問紙調査と面接調査の総合考察

まず，第一の視点の教員の学校図書館活用の要因で実施した２つの調査の結果を総合的に考察する。質問紙調査で得られた教員の活用度の高・低に関連がある10項目は，学校図書館を活用しようとする「教員の属性」２項目，「教員の意識」３項目，「教員の活用実態」５項目であった（表Ⅱ－3）。この10項目のうち，面接調査における半構造化インタビューにおいて得られた教員の学校図書館活用の要因と重なった項目は９項目であった（重ならなかった項目は「教員の属性」の１項目である）。

この９項目のうち，「学校図書館を活用しにくいまたはしない理由：限られた時間しか使えない（開館時間が短い）」は，教員の学校図書館活用の阻害要因であるため，これを除き残りの８項目が教員の学校図書館活用の要因であることが明らかになった。この８項目は，「教員の属性」１項目：校務分掌での学校図書館担当の経験あり，「教員の意識」２項目：学校図書館活用の意義・必要を感じている，学校図書館に活用できる資料が揃っていると感じている，「教員の活用実態」５項目：学校図書館を活用している教科（国語・社会・総合・生活科・理科），学校図書館活用の効果的な学習展開を心がける，学校図書館活用授業を年間授業計画に組み込む，学校図書館活用の実践例を参考にする，読み聞かせ・ブックトークなど指導の工夫をしている，であった（表Ⅱ－6）。

なお，面接調査では，「教員の実態」10項目以外に「児童の実態：学校図書館活用の効果」３項目と「学校の実態」４項目が学校図書館活用の要因として挙げられた。しかし，「児童の実態：学校図書館活用の効果」は学校図書館活用の結果であり学校図書館活用の要因でないこと，「学校の実態」は学校における学校図書館活用の条件であり教員の学校図書館活用の要因ではないため，教員の学校図書館活用の要因から除外した。

教員の学校図書館活用の要因として挙がった８項目は，相互に関連づけられることによって教員の学校図書館活用は促進される。ただし，これらの要因は相互補完的であるため，どの要因が学校図書館活用の出発点であり，終点であ

表Ⅱ-6　学校図書館活用の要因（８項目）

	項目番号	内容
教員の属性（１項目）	(1)	校務分掌での学校図書館担当経験あり
教員の意識（２項目）	(3)	学校図書館活用の意義・必要を感じている
	(4)	学校図書館に活用できる資料が揃っていると感じている
教員の活用実態（５項目）	(6)	学校図書館を活用している教科（国語・社会・総合・生活科・理科）
	(7)	学校図書館活用の効果的な学習展開を心がける
	(8)	学校図書館活用授業を年間授業計画に組み込む
	(9)	学校図書館活用の実践例を参考にする
	(10)	読み聞かせ・ブックトークなど指導の工夫をしている

注：項目番号は，表Ⅱ-3の項目番号に対応している。

るということではなく，どの要因も出発点になり得る。このような学校図書館活用のプロセスを通し，教員は学校図書館活用の際に，学校図書館組織構成員の支援を受けるようになり，両者の協働は構築される。

次に，教員の学校図書館活用における協働の視点で２つの調査結果を総合的に考察する。質問紙調査では，協働に関する項目は，活用度と有意である項目にはみられなかったが，面接調査では，協働が１項目：教員と学校司書がコラボレーションをしている，が挙がり，唯一の協働の項目であった。つまり，教員の学校図書館活用における教員と学校図書館組織構成員の協働は停滞していることが明らかになった。

質問紙調査と面接調査を総合考察した結果，教員の学校図書館活用の促進要因８項目と，教員と学校図書館組織構成員の協働は停滞していることが明らかになった（表Ⅱ-6）。

2.2　学校図書館組織構成員の職務体制別の学校図書館活用効果（研究２）

学校図書館組織構成員の職務体制別の学校図書館活用効果を明らかにするために，既存のウェブアンケート調査結果を用いて，職務体制別に学校図書館サービスの状況と教員の学校図書館活用の実態を分析し考察した[4]。ウェブアンケート調査について説明する前に，以下に学校図書館組織構成員（司書教諭と学校司書）の職務体制について説明する。

2.2.1　司書教諭の職務体制

学校図書館の経営について中心的な役割を担う司書教諭だが教職員定数法（公立義務教育諸学校の学級編成及び教職員定数の標準に関する法律）に位置づけられていないため，教員の定数の中で配置され，学級担任，教科担任を兼任している。つまり，司書教諭の職務体制は「担任兼任・充て職」である。しかし，「学校図書館の専門的職務を掌る（学校図書館法５条）」には，その職務内容からみても，とても「担任兼任・充て職」でできる職務ではない。その職務内容は，全国SLA（全国学校図書館協議会）によると，学校図書館経営方針の立案，学校図書館経営・運営計画の立案，研修計画の立案，学校図書館組織の編成，規程・基準類の作成，学校図書館評価，校内・校外組織との連絡・調整，読書指導の実施・協力・支援，学習指導の実施・協力・支援，情報活用能力育成指導の実施・協力・支援，児童生徒図書委員会の指導の11項目が挙げられている[5]。このような職務量の多さからいえば，兼任ではなく専任の司書教諭という独立した「職」や学校図書館の職務に当たる時間確保が求められる。しかし，大方の司書教諭は，「担任兼任・充て職」であり，司書教諭として学校図書館の職務に当たる時間の確保さえ保障されていない現状である[6]。専任司書教諭が不可能だとしても，学校図書館の職務に当たる「活動時間確保」の措置がとれるような改善が求められる。「活動時間確保」の措置がない状況は，職務を果たしたくとも職務に当たることが十分にできない状況を生み出しており，司書教諭にとり大きな負担となっている。

司書教諭の「活動時間確保」は，司書教諭の「活動時間減免（軽減）[7]」といわれることが多いが，本書では，司書教諭が学校図書館の職務に当たる時間の確保と捉え，司書教諭の「活動時間確保」とした。この司書教諭の「活動時間確保」の現状は，全国SLAが調査報告をしている。全国SLAの研究調査部は，毎年6月に全国の小・中・高校から都道府県ごとに3％の学校を無作為抽出し，学校図書館のメディア，職員，経費などに関した質問紙調査を実施し，その結果を「学校図書館調査報告」として，月刊誌『学校図書館』11月号に掲載している。その中から「学校図書館の職員」を参考に，「司書教諭の時間確保の現状など：小学校（2002～2021年）」（表Ⅱ-7）と「学校図書館職員の課題：小学校～高校（2011～2021年）」（表Ⅱ-8）をまとめた。なお，全国SLAによると，“近年，同調査における「学校図書館職員」の調査は単年ごとの大きな動きがないため，間隔をあけ今後定点調査をする”とあり，2022年，2023年の調査は実施されていない。

まず，「司書教諭の時間確保の現状など：小学校」を解説する。1997年，学校図書館法一部改正により，2003年から12学級以上の学校には司書教諭が必置となったため，2002年に司書教諭発令の割合が8.2％であったのが2003年には52.1％と急激に増加している。その後は発令が順調に進み，2015年に70.7％となったが，2016年から発令は減少し，2021年には61.0％となっている。この要因は，2014年に学校図書館法改正があり，学校司書が法制化され，2015年には68.1％であった学校司書の配置率が2021年には81.4％へと上がったことが挙げられるだろう。司書教諭の資格を持っている教員は，2021年の時点で84.1％の小学校において各校2.8人いるが，司書教諭発令校の割合は61.0％である。このことから，司書教諭有資格者がいる学校においても発令されるとは限らないことが推察される。有資格者が司書教諭として発令されることになれば，84.1％の学校には2人体制で司書教諭配置が可能である。

一方，司書教諭発令校において，司書教諭の「時間確保」のある学校の割合は，2011年以降10％前後で推移しているが，2020年には9.0％であった割合が，2021年には18.2％に倍増している。しかしながら，81.8％の司書教諭は時間確保のないまま学校図書館の多くの職務（前述）を担っているのが現状であり，「担任兼任・充て職」である司書教諭には大きな負担となっている。なお，司

表Ⅱ-7　司書教諭の時間確保の現状など：小学校（2002 ～ 2021年）

年度	司書教諭有資格者の人数と司書教諭有資格者のいる学校の割合（%）	司書教諭発令校の割合　%	司書教諭確保時間と時間確保の割合（%）	学校司書配置の割合　%
2002	1.9人（63.2）	8.2%	調査なし	30.8%
2003	2.1人（81.2）	52.1%	調査なし	37.1%
2004	2.1人（82.9）	54.3%	3.1時間（8.1）	39.7%
2005	2.4人（87.4）	64.8%	4.8時間（14.6）	40.7%
2006	2.4人（86.8）	60.0%	2.7時間（12.6）	43.2%
2007	2.6人（84.0）	61.2%	3.5時間（11.2）	44.9%
2008	2.5人（84.9）	52.2%	4.1時間（11.8）	50.3%
2009	2.6人（85.1）	58.0%	3.9時間（11.4）	48.3%
2010	2.5人（80.3）	52.0%	調査なし	50.9%
2011	2.6人（85.3）	53.4%	確保時間調査なし（10.7）	53.1%
2012	2.8人（82.9）	60.9%	確保時間調査なし（10.1）	55.4%
2013	2.8人（87.9）	67.9%	3.3時間（9.4）	66.4%
2014	2.9人（90.0）	59.4%	3.7時間（11.3）	64.1%
2015	2.8人（89.1）	70.7%	3.0時間（9.7）	68.1%
2016	2.8人（87.8）	65.7%	4.2時間（12.2）	70.8%
2017	2.8人（89.6）	58.3%	2.3時間（11.3）	72.2%
2018	2.7人（89.5）	62.4%	7.6時間（12.0）	78.9%
2019	2.6人（85.1）	58.6%	2.3時間（13.1）	79.9%
2020	2.5人（83.8）	58.8%	2.6時間（9.0）	84.2%
2021	2.8人（84.1）	61.0%	確保時間調査なし（18.2）	81.4%

表Ⅱ-8　学校図書館職員の課題：小学校～高校（2011 ～ 2021年）

年度	学校図書館職員の課題	内容
2011	司書教諭の時間確保9割が「なし」	時間確保は喫緊の課題である
2012	司書教諭の時間確保9割が「なし」	時間確保は喫緊の課題である
2013	司書教諭に時間を，学校司書を教育職に	司書教諭が実力を付けて行くための時間が絶対に必要である。学校司書は授業にも関われる存在として教育職であることがふさわしい
2014	高校で学校司書増加	高校の学校司書配置において2013年76.9％に低下したが2014年89.5％となり過去10年で最高になった
2015	司書教諭の時間確保が課題	司書教諭の時間確保校の割合，確保時間数の増加が見られず，司書教諭の活動時間確保の必要性を各教育委員会，各学校で対処しなければならない
2016	学校司書の法制化と司書教諭との連携	2014年学校司書が法制化され，配置が進んでいる。司書教諭の確保時間数も増やし，学校司書と司書教諭が両輪となり学校図書館経営を実行し，学校図書館活用をより充実させる必要がある
2017	司書教諭配置率の低下と学校司書の増加	司書教諭資格者が各学校に複数あるが発令されない学校が4割近くあり，発令割合も下がっている。時間確保の割合，時間共に減少している。一方，学校司書配置は増加している。両者の職務の違いについて浸透させる必要がある（学校司書がいれば司書教諭は必要ないと考えている自治体が多いのだろう。両者の違いと職務量を鑑みると司書教諭発令も進めないといけない）
2018	進む学校司書の増加，非正規雇用化	司書教諭の発令が2017年に減少したが回復している。時間確保の割合は変化ないが時間が増加している。一方，学校司書は増加しているが，正規職員が減り（－2.4％）非正規職員が増えている（＋2.4％）。行政により，司書教諭発令より安易に扱いやすい学校司書配置に流れているのではないかと懸念される
2019	進む学校司書の配置，非正規雇用化	司書教諭の発令割合，確保時間数共に減少している。一方，学校司書配置は増加しており，司書教諭のやるべき業務を学校司書が代替しているのではないかと危惧される（学校司書がいれば司書教諭は必要ないと考

年度	学校図書館職員の課題	内容
		えている自治体が多いのだろう。両者の違いと職務量を鑑みると司書教諭発令も進めないといけない
2020	小・中学校の学校司書の多くは臨時職員	小学校の学校司書は87.2％が臨時職員であり，中学校では93.％である。学校司書の正規雇用化を進めなければならない
2021	司書教諭，学校司書の全校配置を	司書教諭配置率は61.1％（12学級以上の学校80.6％，11学級以下の学校39.7％），学校司書の配置率は，81.4％であるため，両者がより良く活躍でき，教育に貢献できるように両者の全校配置が求められる

書教諭の活動時間の目安について「学校図書館基準」（文部省，1955年）に以下のように述べられている。“兼任司書教諭の担当授業時間数は，週10時間以下とする”とある（学校図書館職員：C-2)。小学校教員の標準授業時間数は平均週27時間[8]であるため，司書教諭の職務遂行のための時間確保は週に17時間となる。しかし，実際に確保されている時間は，2018年の週に7.6時間を除くと，おおよそ週に3.0～4.2時間と非常に少ない（表Ⅱ-7）。

次に，「学校図書館職員の課題：小学校～高校」を説明する。2011～2015年の5年間のうち，4年間は「司書教諭時間確保」が学校図書館職員の最重要な課題となっている。その後，2016年以降は，学校司書の法制化（学校図書館法の改正：2014年）を受け，「学校司書の雇用問題（非正規雇用化)」へと課題が変化し，2021年には「司書教諭と学校司書の全校配置」となっている。つまり，学校図書館の職員の課題は司書教諭の時間確保から学校司書の雇用問題へ変化し，現在は，両者の全校配置へと課題は変化している（表Ⅱ-8）。

最後に，司書教諭の時間確保に取り組んでいる自治体について言及する。まず，司書教諭の「時間の確保」について，学校図書館法と文字・活字文化振興法の記述を概観する。1997年の学校図書館法改正により，12学級以上の学校に司書教諭の必置が規定されたが，司書教諭の「時間確保」は示されることはなく，「兼任・充て職」の司書教諭の発令に留まっている。しかし，文部科学省より各都道府県教育委員会に通知された2004年の「学校図書館法の一部を改正する法律等の施行について（通知)」の3. 留意事項(3)に以下のような文言がある。“司書教諭がその職責を十分に果たせるよう，校内における教職員の協力体制の確立に努めること。その際，各学校の実情に応じ，校務分掌上の工夫を行い，司書教諭の担当授業時間数の減免（時間確保：筆者注）を行うことは，従来と同様，可能である。”つまり，各学校の工夫により司書教諭の「時間確保」を推奨している。

一方，2005年の「文字・活字文化振興法の施行に伴う施策の展開」の(2)学校教育に関する施策には，小規模校（12学級未満）への司書教諭の配置，学校図書館に関する業務を担当する職員配置の推進，司書教諭の担当授業の軽減・専任化などの推進が述べられている。以上のように，司書教諭の「時間確保」は教職員の協働体制の確立と校務分掌の工夫で可能となると述べているが，それぞれの自治体（教育委員会）や学校の裁量にゆだねられており，実際に取り組んでいる自治体は少ない現状である。

そのような中でも，司書教諭の「時間確保」に取り組んでいる自治体として，鳥取県と荒川区（東京都）などがあり，それらを以下に紹介する。鳥取県では2003年以降，全公立小・中学校に司書教諭が配置され，週に５時間の活動時間を校内の協力体制の工夫によって確保している。具体的には，校内の他の教員が司書教諭の担当授業を行うという工夫で司書教諭の「時間確保」をしている[9]。一方，荒川区では，教科等での学校図書館活用の在り方を研究しており，その一環として，2014年から小中学校12校（モデル校）において司書教諭の活動時間を週に２時間確保し，その２時間分を教育委員会が講師を加配することで「時間確保」をしている[10]。

以上のように，「時間確保」の方法は，各学校の管理職の判断のもと他の教員の協働により活動時間を生み出しているところ，各自治体の施策として教育委員会レベルで財源措置を実施し講師を加配しているところがある。このような工夫で生み出した「時間確保」で，司書教諭は学校図書館の職務に当たることができるようになる。確保時間内で，司書教諭は教員の学校図書館活用を支援することが可能となり（資料の提供，チーム・ティーチングなど），教員の学校図書館活用は推進される。

このような支援を通し，教員間に学校図書館活用の認知，司書教諭の仕事の認知が進み，司書教諭の「時間確保」への教員の理解が進み，司書教諭の活動時間数の増加へつながることが期待される。

2.2.2　学校司書の職務体制

ウェブアンケート調査が実施されたのは，2011～2012年であり，「学校司書」が学校図書館法に規定（2014年）される前であったため，「学校司書」の定義は確立されていなかった。そのため，『図書館情報学用語辞典第３版』（2007年）による以下の「学校図書館担当職員」の概念に従った。

> 学校図書館の仕事を主として行っている事務職員の通称，「学校図書館法」で規定されている専任の司書教諭が充分に配置されなかったため，日常の学校図書館サービスに当たる人がさまざまな形で雇用されるようになり，そうした職員がこの名で呼ばれている。地方自治体によっては，司書資格を持つ人を専任で学校図書館の運営にあたらせるなど，雇用の形式ばかりでなく，雇用された人の学歴や資格も多種多様である（略）。

つまり，学校図書館の仕事を主として行っている事務職員を「学校司書」とした。「学校司書」の資格要件及び職務体制は多種多様であるため，「学校司書」はその配置の有無のみで捉えた。

2.2.3　ウェブアンケート調査応用の研究

独立行政法人国立青少年教育振興機構による「子どもの読書活動と人材育成に関する調査研究[11]」における「教員調査ワーキンググループ[12]」によるウェブアンケート調査の結果を基に，そのデータの一部を筆者の視点で分析・考察を行った。なお，筆者は2011年度から2012年度に「教員調査ワーキンググループ」に参加し学校図書館調査を担当した。以下に調査の概要を述べる。

調査の対象校は，小・中・高等学校各2,000校である。この調査は，学校単位に，「学校組織調査」と「教員調査」の２つの調査を実施し，「学校組織調査」は，校長または副校長（教頭）の１名が回答し，「教員調査」は，小学校の場合は，１年（低学年），３年（中学年），６年（高学年）の学年主任１名ずつ，合計３名が回答した。中・高等学校は２年生の学年主任１名が回答した（学年

表Ⅱ-9　司書教諭発令校における4種類の学校状況別の学校数と割合（小学校）

	司書教諭時間確保有		司書教諭時間確保無		合計
	①学校司書有	②学校司書無	③学校司書有	④学校司書無	
学校数	24校	16校	111校	95校	246校
割合	9.8％	6.5％	45.1％	38.6％	100％

主任がいない場合は学年担当教員が回答)。

本研究における分析対象校は，ウェブアンケート調査で回収された小学校572校から司書教諭発令校246校（43.0％）を抽出した。なお，小学校のみを分析対象としたのは，Ⅱ章：2.1.1で示したとおりである。本研究では，学校図書館組織構成員（司書教諭と学校司書）の職務体制別の学校図書館活用の効果を明らかにするため，職務体制を司書教諭の時間確保の有無と学校司書の配置の有無の組み合わせで，以下の4種類の学校状況に分類した。第一は，司書教諭時間確保有・学校司書有，第二は，司書教諭時間確保有・学校司書無，第三は，司書教諭時間確保無・学校司書有，第四は，司書教諭時間確保無・学校司書無である。それぞれの学校数を多い順にみると，第三の学校状況（司書教諭時間確保無・学校司書有）が111校（45.1％），第四の学校状況（司書教諭時間確保無・学校司書無）が95校（38.6％），第一の学校状況（司書教諭時間確保有・学校司書有）が24校（9.8％），第二の学校状況（司書教諭時間確保有・学校司書無）が16校（6.5％）の順であった。一方，司書教諭時間確保有は40校（16.3％），司書教諭時間確保無206校（83.7％）であり，学校司書有は135校（54.9％），学校司書無は111校（45.1％）であった（表Ⅱ-9）。

（1）質問項目

「司書教諭時間確保の有無」と「学校司書配置の有無」で区分した4種類の学校状況の違いによる学校図書館活用の効果を検討するため，以下のような質問項目を設定した。なお，学校図書館活用の効果を「学校図書館サービスによる効果（学校図書館組織構成員から教員への支援)」と「学校図書館活用による効果（教員の学校図書館活用)」とした。そのため，「学校図書館サービス」と「学校図書館活用」に関する質問項目を以下のように設定した。

まず，「学校図書館サービス」に関する質問９項目は，データベース管理，必読書コーナー設置，新聞配備，選書委員会開催，年間貸出冊数把握，学校図書館図書標準達成，公共図書館との連携，資料が揃っている，開館時間（週）であった。この質問９項目の内，８項目が「学校組織調査項目（校長または副校長どちらか１名が回答）」であり，１項目が「教員調査項目（低学年，中学年，高学年の担当教員３名が回答）」であった。回答方法別でみると，選択肢法（「はい，いいえ」で回答）の質問は７項目（問１～７），４段階評価法（「非常にそう思う，そう思う，あまりそう思わない，そうとは思わない」で回答）の質問は１項目（問８），自由記述法の質問は１項目（問９）であった（表Ⅱ-10）。

「学校図書館活用」に関する11項目は，ブックトークの実施，調べ学習時の相談，教科書以外の本の活用，実践例を参考にする，教科での図書館活用，学校図書館活用の意義・必要を感じる，学校図書館の役割：教員支援，学校図書館の役割：児童が学び方を学ぶ場，学校図書館のイメージ：親切なところ，年間貸出冊数量：児童＋教員，年間貸出冊数量：児童，であった。この質問11項目の内，３項目が「学校組織調査項目」であり，８項目が「教員調査項目」であった。回答方法別でみると，選択肢法の質問は５項目（問10～14），４段階評価法の質問は４項目（問15～18），自由記述法の質問は２項目（問19，20）であった（表Ⅱ-10）。

（2）分析方法

「司書教諭の時間確保」の有無と「学校司書配置」の有無を組み合わせた４種類の学校状況の違いによる「学校図書館サービス」「学校図書館活用」による効果を検討するために以下のような分析を実施した。

４種類の学校状況と各質問項目の回答結果との関係は，クロス集計表を作成し，比較分析を行った。４種類の学校状況別の比較分析の結果，最も数値の高い分析結果を「効果有」とした。

2.2.4　学校図書館組織構成員の職務体制別の学校図書館活用効果：分析結果と考察

４種類の学校状況別の比較分析の結果，最も数値の高い「効果有」の項目数

表Ⅱ-10　研究２の質問項目

	質問項目	内容
学校図書館サービス	問１	あなたの学校の蔵書はデータベースとして管理されていますか。あてはまるものを１つ選んでください（はい，いいえ）：学校組織調査
	問２	全校一斉読書以外に必読書コーナーを設置していますか。あてはまるものを１つ選んでください（はい，いいえ）：学校組織調査
	問３	学校図書館に新聞は配備されていますか。あてはまるものを１つ選んでください（はい，いいえ）：学校組織調査
	問４	あなたの学校において選書委員会を開いていますか。あてはまるものを１つ選んでください（はい，いいえ）：学校組織調査
	問５	学校図書館の年間貸出冊数を把握していますか。あてはまるものを１つ選んでください（はい，いいえ）：学校組織調査
	問６	あなたの学校は学校図書館図書標準を達成していますか。あてはまるものを１つ選んでください（はい，いいえ）：学校組織調査
	問７	あなたの学校では公共図書館との連携をしていますか。あてはまるものを１つ選んでください（はい，いいえ）：学校組織調査
	問８	教科等の学習活動を充実させる資料が揃っている。それぞれ一番近いと思うものを１つ選んでください（非常にそう思う４点，そう思う３点，あまりそう思わない２点，そうとは思わない１点）：教員調査
	問９	学校図書館の開館時間（週）をお答えください（時間数を記述）：学校組織調査
学校図書館活用	問10	児童に「豊かな感性や情操を育むための読書」を行うためにブックトークを実施していますか。あてはまるものを１つ選んでください（はい，いいえ）：学校組織調査
	問11	「調べ学習」で学校図書館担当者に学校図書館利活用の授業計画や資料等の相談をする。あてはまるものを１つ選んでください（はい，いいえ）：教員調査
	問12	教科等の指導に際して教科書以外の本も活用する。あてはまるものを１つ選んでください（はい，いいえ）：教員調査
	問13	「調べ学習」で学校図書館利活用で学校図書館を使った実践例を参考にする。あてはまるものを１つ選んでください（はい，いいえ）：教員調査
	問14	教科等の学習にあたって学校図書館を活用する。あてはまるものを１つ選んでください（はい，いいえ）：教員調査

	質問項目	内容
学校図書館活用	問15	授業を行うのに学校図書館を使う意義・必要を感じる。それぞれ一番近いと思うものを1つ選んでください（とても当てはまる4点，まあ当てはまる3点，当てはまらない2点，全く当てはまらない1点）：教員調査
	問16	学校図書館の役割で大切なものは教員支援（資料提供，指導のサポート）である。それぞれ一番近いと思うものを1つ選んでください（とても当てはまる4点，まあ当てはまる3点，当てはまらない2点，全く当てはまらない1点）：教員調査
	問17	学校図書館の役割で大切なものは児童が教科学習等の学び方を学ぶ場である。それぞれ一番近いと思うものを1つ選んでください（とても当てはまる4点，まあ当てはまる3点，当てはまらない2点，全く当てはまらない1点）：教員調査
	問18	学校図書館のイメージは親切なところである。それぞれ一番近いと思うものを1つ選んでください（とても当てはまる4点，まあ当てはまる3点，当てはまらない2点，全く当てはまらない1点）：教員調査
	問19	学校図書館の年間貸出冊数（児童＋教員）をお答えください（貸出冊数を記述）：学校組織調査
	問20	学校図書館の年間貸出冊数（児童）をお答えください（貸出冊数を記述）：学校組織調査

は38項目となった。「効果有」の項目38項目をそれぞれの学校状況別の項目数と割合は，①司書教諭時間確保有・学校司書有では24項目（63.2％），②司書教諭時間確保有・学校司書無では4項目（10.5％），③司書教諭時間確保無・学校司書有では7項目（18.4％），④司書教諭時間確保無・学校司書無では3項目（7.9％）であった（表Ⅱ-11）。

「効果有」の38項目中，項目数が最多であったのは，①司書教諭時間確保有，学校司書有の職務体制の学校状況であり，24項目（63.2％）であった。その内訳は，「学校図書館サービス」7項目，「学校図書館活用」17項目であった。つまり，①司書教諭時間確保有，学校司書配置有の職務体制が「学校図書館サービス」と「学校図書館活用」の促進要因であることが明らかになった（表Ⅱ-11）。

また，「効果有」の38項目中，教員と学校図書館組織構成員の協働に該当する項目は８項目（21.1％）であった。その内訳は，「学校図書館サービス」は，選書委員会開催と公共図書館との連携，の２項目であった。一方，「学校図書館活用」は，調べ学習時の相談（低学年，中学年，高学年の３項目）と学校図書館の役割は教員支援（低学年，中学年，高学年の３項目），の６項目であった（表Ⅱ-11）。以上の８つの効果有項目はすべて①司書教諭時間確保有・学校司書有の学校状況においてみられた。つまり，司書教諭時間確保有，学校司書有の職務体制に整えることで教員の学校図書館活用における教員と学校図書館組織構成員の協働に効果があることが明らかになった。

表Ⅱ-11　４種類の学校状況別の効果有項目

４種類の職務体制	効果有項目			指標値	
①司書教諭時間確保有・学校司書有（24校）	図書館サービス	問１	データベース管理	割合	83.3％
		問２	必読書コーナー設置		100.0％
		問３	新聞配備		75.0％
		問４	選書委員会開催　協働		20.8％
		問７	公共図書館との連携　協働		100.0％
		問８	資料が揃っている（低学年）	平均値	2.87
			資料が揃っている（中学年）	平均値	2.67
	図書館活用	問10	ブックトーク実施	割合	70.8％
		問11	調べ学習時相談（低学年）協働		78.3％
			調べ学習時相談（中学年）協働		76.2％
			調べ学習時相談（高学年）協働		76.2％
		問12	教科書以外の本活用（低学年）		95.7％
		問13	実践例を参考（低学年）		52.2％
			実践例を参考（中学年）		52.4％
			実践例を参考（高学年）		38.1％
		問15	意義・必要を感じる（中学年）	平均値	3.52
		問16	役割：教員支援（低学年）協働		3.22
			役割：教員支援（中学年）協働		3.24

4種類の職務体制	効果有項目			指標値	
			役割：教員支援（高学年）協働		3.86
		問17	役割：児童が学び方を学ぶ場（低学年）		3.22
			役割：児童が学び方を学ぶ場（中学年）		3.92
			役割：児童が学び方を学ぶ場（高学年）		3.10
		問19	年間貸出冊数量（児童＋教員）	中央値	14,250冊
		問20	年間貸出冊数量（児童）		14,220冊
②司書教諭時間確保有・学校司書無（16校）	図書館サービス	問９	開館時間（週）	中央値	34.0時間
	図書館活用	問12	教科書以外の本活用（高学年）	割合	93.8％
		問14	教科で図書館活用（高学年）		100.0％
		問15	意義・必要を感じる（低学年）	平均値	3.23
③司書教諭時間確保無・学校司書有（111校）	図書館サービス	問５	年間貸出冊数把握	割合	90.1％
		問６	図書標準達成		64.9％
		問８	資料が揃っている（高学年）	平均値	2.67
	図書館活用	問15	意義・必要を感じる（高学年）		3.16
		問18	イメージ：親切なところ（低学年）		3.04
			イメージ：親切なところ（中学年）		2.96
			イメージ：親切なところ（高学年）		3.07
④司書教諭時間確保無・学校司書無（95校）	図書館活用	問12	教科書以外の本活用（中学年）	割合	94.0％
		問14	教科で図書館活用（低学年）		93.9％
			教科で図書館活用（中学年）		97.6％

注：図書館は学校図書館を表す。

2.3　学校図書館活用の要因と学校図書館の職務体制別の効果：研究１と研究２の総合考察

研究１，研究２で明らかにされた教員の学校図書館活用の要因について総合的に考察する。

研究１（質問紙調査と調面接調査）では，教員の学校図書館活用に視点を置き，活用度の高い教員と低い教員の意識と活用の実態における差から学校図書館活用に影響を与え得る要因と協働の現状を明らかにした。研究２（ウェブアンケート調査の応用）では，学校図書館組織構成員の職務体制に視点を置き，司書教諭時間確保の有無，学校司書配置の有無の組み合わせによる４種類の学校状況別における「学校図書館サービス」と「学校図書館活用」の実態の違いから，①司書教諭時間確保有，学校司書有の職務体制が教員の学校図書館活用に効果があることと，教員と学校図書館組織構成員間の協働に効果があることを明らかにした。以下にそれぞれ詳しく述べる。

まず，研究１では，質問紙調査と面接調査を総合考察した結果，教員の学校図書館活用の推進要因が８項目挙がった。８項目は以下のとおりである。第一に，校務分掌での学校図書館担当経あり，第二に，学校図書館活用の意義・必要を感じている，第三に，学校図書館に活用できる資料が揃っていると感じている，第四に，学校図書館を活用している教科（国語・社会・総合・生活科・理科），第五に，学校図書館活用の効果的な学習展開を心がける，第六に，学校図書館活用授業を年間授業計画に組み込む，第七に，学校図書館活用の実践例を参考にする，第八に，読み聞かせ・ブックトークなど指導の工夫をしている，であった（表Ⅱ-6）。一方，教員と学校図書館組織構成員間の協働構築は停滞していることが明らかになった。

次に，研究２（ウェブアンケート調査の応用）では，司書教諭時間確保有，学校司書配置有の職務体制が「学校図書館サービス」と「学校図書館活用」共に効果有の項目が多く「学校図書館サービス」と「学校図書館活用」の促進要因であることが明らかになった（表Ⅱ-11）。また，教員と学校図書館担当者の協働に該当する８つの効果有項目はすべて①司書教諭時間確保有・学校司書有の学校状況のみにみられた。つまり，司書教諭時間確保有，学校司書有の職務体制に整えることで教員と学校図書館組織構成員間の協働に効果があることが明らかになった。

教員の学校図書館活用を促進するには，学校図書館活用の推進要因で挙がった８項目の実施と学校図書館の職務体制の整備（司書教諭時間確保有・学校司書有）が求められる。さらに，これらの実施と整備のための予算づけ，つまり，学校外部からの支援も必要である。しかし，財政緊縮，教育課題が山積している現状があり，学校教育及び教育行政からの財政的支援は受けにくいことが推察される。他方，学校教育における学校図書館活用の現状から，学校図書館を活用する教員は一部の教員に限られており（研究１：2.1.1(2)），学校教育において学校図書館活用が必須のものとなっていないことは，教育行政や学校教育からの支援を受けにくい状況を作り出している。今後は，一部の教員のみが学校図書館を活用している状況から多くの教員が学校図書館を活用し，学校図書館活用が学校教育にはなくてはならないものとなることが求められる。

そのためには，教員が学校図書館を活用する際に，学校図書館組織構成員からの支援を得ることで，教員一人ひとりが学校図書館活用と学校図書館組織構成員の認識を新たにし，教育方法の一つとして自発的に学校図書館を活用していく授業実践が求められる。以上のような，学校図書館活用の授業実践を通し，教員は学校図書館活用授業の教育的効果を実感し，学校図書館活用の意欲が喚起され，自ずと学校図書館活用授業を実践するようになる。このようになってくると，学校組織内で学校図書館活用の好循環が起こる。この時，教員は，学校図書館組織構成員に専門的な支援を求めることになるが，その支援は，教員一人ひとりのニーズに則した「支援」であることが重要である。そのためには，教員と学校図書館組織構成員間の良好な支援関係，すなわち，両者の良好な協働関係が求められる。

Ⅲ章では，両者の良好な協働関係の構築方法について詳細に述べる。

注・引用文献

1：松本美智子．小学校教員の学校図書館に対する意識と利用の実態：質問紙調査と面接調査より．Library and Information Science．2012，no. 68，p. 55-84.

2：公立義務教育学校の学校図書館に整備すべき蔵書の標準として平成５年３月に文部科学省が定めたもの。０章：09に詳しくあるので参照してほしい。https://www.mext.go.jp/a_menu/sports/dokusyo/hourei/cont_001/016.htm，（参照2022-12-22）.

3：「事例－コード・マトリックス」とは，いくつかの事例が横糸，複数のコードが縦糸として編み込まれ，さらに一つひとつのセグメントの記述により複雑な模様が織り込まれているタペストリー（つづれ織り）のようなものである。佐藤郁哉．質的データ分析法．新曜社，2008，p. 63．また，この表は以下の筆者博士論文の付録２に示してある。https://tsukuba.repo.nii.ac.jp/records/2005804，（参照2024-05-20）.

4：松本美智子．司書教諭の活動時間の確保と学校司書の配置が学校図書館利用に与える効果．Library and Information Science．2017，vol. 77，p. 1-26.

5：全国学校図書館協議会．司書教諭の任務と職務．http://www.j-sla.or.jp/new-shishokyoyu/gakkousisyotoha.html，（参照2015-10-03）.

6：文部科学省．司書教諭と「学校司書」及び「司書」に関する制度上の比較．https://www.mext.go.jp/a_menu/shotou/dokusho/sisyo/1360933.htm，（参照2023-02-20）.

7：文部省初等中等教育局．学校図書館法の一部を改正する法律等の施行について（通知）．1997．http://www.tcp-ip.or.jp/~syaraku/gakkoutosyohou.htm，（参照2016-01-28）.

8：文部科学省．小学校の標準授業時数について．平成27年７月16日中央教育審議会初等中等教育分科会資料3-3．2015．https://www.mext.go.jp/component/b_menu/shingi/giji/_icsFiles/afieldfile/2015/11/09/1363415_006.pdf，（参照2023-03-01）.

9：北田明美．鳥取・羽合小「アロハ図書館タイム」はじめます．全国SLA，2013，p. 7.

10：荒川区．平成26年度予算主要事業．予算報告書．2014，p. 22．http://www.city.arakawa.tokyo.jp/kusei/yosan/h260206yosan.files/h26_shuyoujigyou.pdf，（参照2015-12-27）.

11：教員に対し，学校図書館の役割を質問した結果，72.9％の教員が「教員への資料提供・指導のサポート」を挙げている。報告書において，調査結果を公開しているが，分析・考察は本研究とは重ならない。国立青少年教育振興機構青少年教育研究センター総務企画部調査・広報課．教員調査ワーキンググループ報告書．2013，218p.，（子どもの読書活動と人材育成に関する調査研究：共同研究）．http://www.niye.go.jp/kenkyu_houkoku/contents/detail/i/77/，（参照2016-02-26）.

12：国立青少年機構「子どもの読書活動と人材育成に関する調査研究」における「教員調査ワーキンググループ」を指す。メンバーは立田慶裕（リーダー），秋田喜代美，今西幸蔵，荻野亮吾，桒原靖，酒井達哉，野村和，松本美智子である。

参考文献

萱間真美．質的研究実践ノート：研究プロセスを進める clue とポイント．医学書院，2007，98p.
佐藤郁哉．質的データ分析法：原理・方法・実践．新曜社，2008，211p.

Ⅲ章

学校図書館活用における協働構築の阻害要因と協働構築方法

Ⅱ章では，教員の学校図書館活用の推進要因で挙がった８項目の実施と学校図書館の職務体制の整備（司書教諭時間確保有・学校司書配置有）が求められることを明らかにした。さらに，教員と学校図書館組織構成員間の協働は停滞しているが，職務体制の整備がされている学校では協働に効果があることを明らかにした（研究１，研究２）。協働の停滞状況から，学校図書館活用における協働構築の促進要因を検討することは難しいと考え，本章では，学校組織内，学校図書館組織内，教員と学校図書館組織構成員間の３つの協働構築における阻害要因を検討し，この阻害要因を抑制し協働を構築する方法を明らかにする。そのため，文献調査を実施した（研究３）。文献調査の過程は，まず，協働に関する関連文献を個別に収集し，協働の定義から協働構築の観点を検討した。次に，協働構築の観点を基に教育学，学校図書館における協働に関する文献を個別に収集し，３つの協働構築における協働構築の阻害要因を検討した。最後に，これらの協働構築の阻害要因を抑制し協働を構築する方法を明らかにする。

3.1　学校と学校図書館両組織内及び教員と学校図書館組織構成員間における協働構築の阻害要因（研究３）

まず，協働が構築されている組織とはどのような組織か考えてみる。協働が構築されている組織とは，組織構成員が組織全体と必然的な関係を持ち相互に意思伝達し合いながら組織の目的・価値を能動的に実現している組織である[1]。つまり，単なる寄せ集めではなく，組織構成員一人ひとりの集合である組織が目的を持ち，それを実現するために，その集合が意図的にあたかもひとつの生き物であるかのように動いているように見えることであり，一つの統一体を成している組織のことである[2]。

教員の学校図書館活用における協働は，教員と学校図書館組織構成員（司書教諭と学校司書）間の協働である。この教員と学校図書館組織構成員間の協働構築は，教員の属する学校と，学校図書館組織構成員の属する学校図書館の両組織内に協働が構築されていることが前提となる（Ⅰ章：図Ⅰ-2「3つの協働構築」)。特に，学校図書館組織は学校組織の一部であることから，学校組織と統一体を成しており，学校組織と必然的な関係性を持つため，学校組織内の協働構築が学校図書館組織内の協働構築の基盤となる。したがって，第一に，学校組織内，第二に，学校図書館組織内，第三に，教員と学校図書館組織構成員間の協働構築の阻害要因について文献を用いて個別に検討する。

協働構築の阻害要因の観点を協働構築の定義，組織力の形成，協働のパターンの3つの視点から検討する。協働構築の定義では，人の思考様式（どう考えるか）と行動様式（どう行動するか）の調整の工夫，職務体制（人の配置）と職務分担（分業）の工夫が求められるとある。組織力の形成では，組織構成員の協働（相互行為），組織の自立と組織構成員の自律[3]（個業化），組織文化（統合化），職務体制や職務分担（装置）の4つがうまくかみあって展開する時に組織力が形成されるとある。協働のパターンでは，協働を均質性協働と専門性協働に分けて考えることが協働構築に有効であると述べている。

これら3つの視点から協働構築の阻害要因の観点を，職務体制，職務分担，組織文化，組織の自立，組織構成員の自律，協働のパターンの6つ設定した（Ⅰ章：1.1.3，1.1.4)。これら6つの観点を用い，3つの協働構築における阻害要因をそれぞれ説明する。

3.1.1　学校組織内の協働構築の阻害要因

(1) 職務体制

教員は，意思決定において，一定の裁量性を持ち，自己完結的に教育活動を展開することが日常であり，学校組織は個別分散する「個業型」の職務体制である。一方，学校組織は，教職員の意思決定を統合して教育活動を展開する「統合化」を求められる組織でもある。つまり「個業化」と相反する理念である「統合化」の併存する組織であるため，組織としての統合性は難しく，教育目標の形成，教育活動の組織的な改善・改革が困難な組織である。

この相反する理念を併存させるには，「個業化」のデメリットを抑制することで，協働を構築することである。「個業化」の進んだ組織は，児童生徒の多様性や教育課題の複雑性が個々の教員の知識や技能の範囲に止まる場合には有効だが，その範囲を超える場合には，児童生徒の実態や課題が教員ごとに個別分散し組織的な対応が難しいことがデメリットである。このことは，学校組織の教育機能の限界を学校組織にもたらし，教員による児童生徒の対応力を縮小させる。その結果，教員の指導困難を増大させ，教員の教育改善意欲を抑制し，教員間の閉塞感を高め，学校組織の形骸化へつながる。学校組織の形骸化は，より教員間の閉塞感を高め，協働構築を抑制する[4]。つまり，学校組織の特徴である「個業型」の職務体制は協働構築の阻害要因となっている。

（2）職務分担

教員は，学級担任，教科担任の他，部活動の顧問などさまざまな職務分担を担っている。学校組織は，教育目標を達成するために行う職務を教職員が分担し処理に当たる。この分担した職務の種類や内容及び，権限や責任を明示し，遂行の仕組みとプロセスを示したものが校務分掌である[5]。各学校は，学習指導，生徒指導，学校運営に関する委員会などの教育指導組織（企画委員会，学校評価委員会，研修委員会，生徒指導委員会など），担当者（教務主任，学年主任，生徒指導主事，進路指導主事，保健主事，特別支援コーディネーターなど）を決定し，校務分掌に位置づけている。つまり，校務分掌は教育指導組織を中心とした運営組織と学校事務組織などを加えた仕組みである。

学校の校務分掌は，校長・教頭をツートップ（つまみ部分）にし，その下に他の教員（平面部分）を配置した「鍋蓋型組織」が長らく敷かれてきた。この組織構造のメリットは，教員一人ひとりが同等の権利と責任を持つことにより，目標の複雑多様性，手段の複雑多様性，児童生徒の複雑多様性，学校課題の複雑多様性という教育が有する不確定性を教員レベルで吸収することができることである。

一方，この組織構造のデメリットは，校長がリーダーシップを発揮しにくい，教員の担当する校務が細分化されるため全体像が見えにくい，創造性が発揮しにくい，責任の所在が曖昧になる，連絡調整や意思形成に時間がかかる，日常的な人材育成が行いにくい，組織としての力を発揮しにくいことである[6]。さらに，さまざまな課題ごとに新たな校務分掌が追加され学校全体の業務量や負担の増加につながる恐れがあること，校務分掌の細分化により，小規模校では一人の教員の担う校務分掌が大量になること，新たな課題が発生した時や担当の教員の不在時に柔軟な対応をとることができない恐れがあることが挙げられる[7]。これらのデメリットに対応するために，「鍋蓋型組織」の改善が説かれるようになった。以下にその経緯を説明する。

1998年，中央教育審議会答申「今後の地方教育行政の在り方について」の第３章「学校の自主性・自律性の確立について」，4.「学校運営組織の見直し」において，“学校運営が校長の教育方針の下に円滑かつ機動的に行われるように校務分掌，各種の会議，委員会など校内組織及びその運営の在り方について見直しを図ること”と書かれ，「鍋蓋型組織」の改善が説かれ始めた。

2004年，中央教育審議会答申「学校の組織運営の在り方について（作業部会審議のまとめ）」⑵学校の組織体制の整備に，「副校長」「副教頭」「一定の権限を持つ主幹教諭，指導教諭」の設置が提案され，校長を頂点において校内組織における権限・責任の構造的整備を行おうとする改革論が提示された。これを受け，2007年，学校教育法改正に伴い文部科学省から出された「学校教育法等の一部を改正する法律について（通知）」では，校長の権限拡大と集権化や，組織に関しては，小・中学校に副校長，主幹教諭，指導教諭の職を置くことができることが示された。

その後，学校組織は管理層と実践層のとの間に中間的な指導層（ミドルリーダー）が入る多層的な組織構造としての「官僚制組織」[8]が描かれるようになった。学校において，校長を支えるミドルリーダーとして検討されたのが「主幹教諭」と「指導教諭」である。

「主幹教諭」は，校長，副校長，教頭を助け，命を受けて校務の一部を整理し，児童生徒の教育を掌り，担当する職務に対し一定の責任をもって取りまとめる職である。また，「主幹教諭」は，教育委員会が任命し，給与などの処遇面，人事面において優遇される。一方，「指導教諭」は，同様に任命されるが，処遇面は一般教員と同じ位置づけである。さらに，「主幹教諭」「指導教諭」は，管理職と教職員間をつなぐパイプ役として，管理職と教職員とのコミュニケーションの活性化を促し，信頼関係及び協働体制を構築することを期待された。つまり，「官僚制組織」を作っていくための役割を「主幹教諭」「指導教諭」は担わされたのである[9]。

このように，ミドルリーダーを配置することで協働体制を構築し，合理的に運営される「官僚制組織」は人や組織の結びつきが強く，最も効率的な組織形態である。「官僚制組織」への移行により，学校の教育目標と教員の個別的な目標が共有化される目標管理手法が導入され，民間企業に近いマネジメントであるPDCAサイクルによる学校評価，教員評価も実施されるようになった[10]。

学校組織における「官僚制組織」のメリットは以下の4点が挙げられる。第一に，目標管理手法のため学校の教育目標を達成する効率性が高くなる。第二に，1990年代から学校の情報公開・開示，説明責任が求められるようになったが，この要請に合理的なマネジメント（PDCAサイクル）による評価が適合する。第三に，教員の職務内容の義務や責任が明確化され，各教員の職務は，「部分的・限定的」なものとなり，長時間労働，多忙からくる疲弊，バーンアウトを解決する一助となる。第四に，明確な階層構造を持ち込むことにより，上から下に向かう意思疎通が円滑化し，学校組織は一体化するようになる[11]。

一方，学校組織における「官僚制組織」のデメリットは以下の6点が挙げられる。第一に，職務を細分化し，規則重視の管理が行われるような合理的かつ効率的な組織運営の仕組みであり，人間的な働き方を阻害する。つまり，人間的な働き方をする組織である学校組織には向かない[12]。第二に，職位が細分化され，タテの命令系統が明確化された組織であり，個人が組織の中で切り離され，相互に関連を持たない一面があり，定型的な業務を遂行する組織に向いている。つまり，複雑多様な課題解決に相互に関連することが求められる学校組織，創造的な業務を遂行する組織である学校組織には向かない[13]。第三に，職務の専門化が進んでおり権限と責任が職位に対して付され，それが階層をなす組織であるため，効率的に管理する必要がある大規模組織に向いている。つまり，20人程度の小規模組織の学校組織には向かない。第四に，規則と評価で集団行動を統制するため，合理的かつ効率的であり，定型的な業務の実施には長けた組織となることを意味している。つまり，創造的な業務を遂行する学校組織には向かない。第五に，民間企業に近いPDCAサイクルを導入するものであるが，学校教育は，教育方法・技術が不確実であるため何が効果的であるかを事前に知ることは困難であり，教育の成果の予測・評価の方法が難しい[14]。つまり，評価指標が明らかにできず，代替尺度（学力調査の結果など）で評価項目を補うことが多いため，結果は曖昧であり，適正な評価とは言いにくく，学校組織には向かない[15]。第六に，組織目標と個人の目標を一致させる目標管理手法である。しかし，学校組織は，個業化が進んでおり，学校の教育目標と教員個人の目標を連動させ目標の共有化を図ることは難しいため，学校組織には向かない。

以上のように，学校組織の職務分担（校務分掌）は，「鍋蓋型組織」から「官僚制組織」へと変遷してきたが，「官僚制組織」は，合理的なマネジメントを導入するものであり，学校組織にとり多くのデメリットがあり，学校組織の職務分担は協働構築の阻害要因となっている。

（3）組織文化

「組織文化」とは，組織的慣行であり，組織風土ともいい，組織構成員が共有する思考様式と行動様式のことである。

思考様式は，「組織の価値観」と「組織のパラダイム」の２つの抽象的な要素で構成される。なお，「組織の価値観」は，組織構成員の「価値観」として多くの組織構成員に共有されており，組織文化の最も基本的な部分である。「組織のパラダイム」は，個人が持つ認識の枠組み，ものの見方が組織の人に共有される時，その共有されているもののことである。この「組織の価値観」と「組織のパラダイム」は互いに強化し合い，一つの組織文化を形成している。

一方，行動様式は「行動規範」であり，思考様式の２つの抽象的要素の「組織の価値観」と「組織のパラダイム」を具体的に表現した行動を指す。

以上に示した組織文化の３つの要素（「組織の価値観」「組織のパラダイム」「行動規範」）は，互いに緊密に関連し合い，相互補完的な関係を持つ[16]。

「組織文化」のメリットは，それを構成する３つの要素が組織構成員の間に「共有」されることにより組織構成員のモチベーションやコミュニケーションが図れることである。さらに，同僚と足並みを揃えるという「同調の圧力」を基盤とする職場集団を表し，「みんなで共通する目標に足並みを揃えて頑張る」ことで，組織の共通目標を達成する機能を果たす[17]。

一方，「組織文化」のデメリットは，「組織の価値観」と「組織のパラダイムの」の共有により「行動規範」の均質化が起こり，変化と自由な対応ができにくくなり，保守的な傾向を持ち，不干渉主義となる。特に，強い「組織文化」は自己保存本能が働き[18]，新しい試みに対し，出る杭は打たれるという抑圧的な状況を作りだす。

以上のような「組織文化」の特徴を学校組織文化に当てはめると，以下のようになる。学校組織文化は，学校組織において，学校組織構成員に受け止められる「組織の価値観」「組織のパラダイム」「行動規範」が共有されることにより，学校組織構成員のモチベーションやコミュニケーションが図られ，学校組織の共通目標を達成する機能を果たす。しかし，「組織の価値観」「組織のパラダイム」「行動規範」の均質化により変化や自由な対応ができにくくなり，保守的，不干渉主義が強くなる。このように学校組織文化は，学校組織構成員の思考様式，行動様式に深く影響を及ぼすことが分かる。

実際に，教員の保守的傾向，見て見ぬふり行動，縄張り意識や不干渉主義，自尊感情の強さといった，思考様式，行動様式の特徴が指摘されている[19]。学校組織文化における以上のような思考様式，行動様式は，教員の「個業化」を増大し，教員の関係性を閉ざし，協働構築の阻害要因となっている。

さらに，学校組織文化を詳細に見ていくと，「教員文化」という下位集団の文化があり，この「教員文化」は教員集団の信念や利益を巡って形成され，学校組織を異なる方向に誘導し，分裂させる可能性がある。「教員文化」には，教科などの小集団ごとに「教科文化」，学級ごとの「学級文化」があり，ネガティブでクローズドな文化となっている。その上，教員の特徴である「個業化」は，このネガティブでクローズドな「教員文化」に拍車をかけている[20]。つまり，「教科文化」や「学級文化」を含んだ「教員文化」は協働構築の阻害要因となっている。

文部科学省の「初等中等教育分科会第41回配付資料」（2020年）の教育をめぐる現状によると，「教員文化」に関して，「同僚性」の希薄化が進行していることが記されている。「同僚性」とは，児童生徒のさまざまな課題を教員間で議論し，共有して取り組むことであり，自らの資質能力を高めるように心がけることである。つまり，学び合いや支え合いであり，教員集団の中で育まれるものである。このように，「同僚性」は，教員間の協働構築において欠かせないものであり，教育の成果を上げるために不可欠なものであり，「学びの共同体」としての学校の機能である[21]。「学びの共同体」としての学校の機能とは，教員が専門職として相互に学び合うことであり，授業研究，集団づくり，生活指導などさまざまな形で実践されてきた。

特に「授業研究」では，教育方法の工夫や自らの生徒指導力を高めるために，教員が授業を見せ合い，批判し合い，検討し合うことを行ってきた。つまり，教員同士が専門職としての学びを持続，追求し，チームやグループでの学び合いと集合的な知性の開発に重点が置かれる場所としての「専門職の学び合うコミュニティ[22]」が構築されていた。一方，「学びの共同体」は，学びの主体である児童生徒の学びを支え，保護者や地域住民が学校の教育活動に参加し学び育ち合う場所ともなっていた[23]。

以上のように日本の学校では，開かれた人間関係があり，協働が培われてきていたが，現在は，「同僚性」の希薄化や「学びの共同体」の機能低下が進み，それに伴い協働は衰退してきている。

ところで，日本は，OECD加盟国中，教育への公費投入の対GDP比が最低水準であり[24]，公教育への財政投入や条件整備が遅れている。その上，1クラス35～40人という大規模な学級編成にもかかわらず，世界的にみて子どもたちの学力が高いのは[25]，前述のように「同僚性」「学びの共同体」が構築されていたためである。しかし，「同僚性」の希薄化と「学びの共同体」の機能低下が進行している。その要因の一つに，学校の職務分担が「鍋蓋型組織」から「官僚制組織」へ変化してきたことが挙げられる（3.1.1(2)）。

「鍋蓋型組織」の時代は，日常的な交流，同僚と教育方針について話合うなど個人的な付き合い，つまり，職員室でインフォーマルな付き合いという教員同士の「実践的交流」があった。しかし，「官僚制組織」となりインフォーマルな付き合いが減少し，組織構成員としてのフォーマルな付き合いへと変化し，教員の人間関係が「形式的な交流」となり，「同僚性」の希薄化は進行した[26]。さらに，前出の文部科学省の「初等中等教育分科会第41回配付資料」

(2020年）によると，教員は学校が一つの組織体であるとの認識が薄く，学校の小規模化を背景に教員の「個業化」が進み，学年主任などが他の教員を指導するという機能が低下していることも「同僚性」の希薄化へ拍車をかけていると述べている。

以上のように，学校組織文化は，「同僚性」の希薄化と「学びの共同体」の機能低下を進行させ，教員間の協働を衰退させてきた。つまり，学校組織文化は協働構築の阻害要因となっている。

（4）組織の自立

学校組織の自立には，教育行政改革における学校組織の「裁量性の拡大」と義務教育システム改革における「地方分権・規制緩和の実行」や「実質的な学校評価」が求められ，図られてきた。以下に，それぞれが図られてきた経緯について説明する。

まず，教育行政改革における学校組織の「裁量性の拡大」が図られてきた経緯を述べる。

1998年，中央教育審議会答申「今後の地方教育行政の在り方について」，第3章「学校の自主性・自律性の確立について」に，教育委員会と学校の関係の見直しと学校の裁量権限の拡大，校長・教頭への適材の確保と教職員の資質向上，学校運営組織の見直し，学校の事務・業務の効率化，地域住民の学校運営への参画の５つの視点が示されている。つまり，各学校の判断により自主的・自律的に特色ある教育活動を展開するためには，上記の５つの視点を持って，制度とその運用や事業の在り方について見直し，学校の裁量性を拡大し，学校経営の改善を図る必要があることが述べられている。

2006年に教育基本法改正，2007年に学校教育法改正，2008年に教育職員免許法改正と法律の見直しが毎年実施され，義務教育の目標の新設，学校評価及び情報提供の新設，副校長・主幹教諭・指導教諭の職の創設，教員免許更新制の導入，指導不適切な教員の人事管理の厳格化等の取りまとめが実施され，学校経営の改善が次々と進められることになった。つまり，国の施策として，学校の「裁量性の拡大」が図られ，学校経営を改善する条件が準備された。しかし，これらの施策を支えるヒト・モノ・カネなどの制度面の整備が十分ではなかった。そのため，教育委員会は教職員の人事，学校予算の編成・執行に関する学校管理規則の見直しを進めることはかなわず，「地方分権・規制緩和」の議論は学校の近くまで来ているがその手前で止まっているのが現状であった[27]。すなわち，学校の「裁量性の拡大」は実現に至らず，学校組織の自立は達せられることはなかった。このように，教育行政改革による「裁量性」の拡大は学校組織の自立を阻み協働構築の阻害要因となっている。

なお，2022年２月25日の閣議で決定された「教員免許更新制に関する規定の廃止」によると“今後は，個別最適な学びや現場経験を重要視した学びを進めることになる”とある。このことは，教育行政改革における「裁量性の拡大」に貢献することが期待される。

次に，義務教育システム改革における「地方分権・規制緩和」の実行が図られてきた経緯を説明する。

2005年，中央教育審議会答申「新しい時代の義務教育を創造する」で，義務教育システムにおける「地方分権・規制緩和」策を，“目標の設定とその実現のための基盤整備を国の責任で行う，市区町村・学校の権限と責任を拡大する地方分権改革を進める，教育の結果の検証を国の責任で行い義務教育の質を保証する”としている。つまり，義務教育の到達目標を国が設定し，国の決定した目標達成を地方と学校が実践し，その結果の検証を国が行うという構造となっている。

このように，国による目標と結果の管理が行われるということは，地方と学校は主体的に創意工夫し，実現することは難しいことを意味している。つまり，学校の自立を妨げるものであり，「地方分権・規制緩和」の実行策は設けられたが，公権力による影響力が緩和されることはなく，かえって，影響力の強化となっている。すなわち，義務教育システム改革は，学校組織の自立を阻み，「地方分権・規制緩和」の実行は協働構築の阻害要因となっている。

最後に，義務教育システム改革における「実質的な学校評価」が図られてきた経緯を説明する。

1998年，中央教育審議会から出された答申「今後の地方教育行政の在り方について」が学校評価実施の契機となった。同答申では，学校が家庭や地域と連携協力して教育活動を展開すること，学校の経営責任を明らかにすること，保護者や地域住民に対する説明責任を果たすこと，以上の３つの視点からの自己評価の実施を提言している。

2006年，文部科学省は「義務教育諸学校における学校評価ガイドライン」を策定し，学校の自己評価と外部評価の実施方法について詳細に示した。これを参考に全国的に学校評価が実施されていくことになった。

2007年，学校教育法と同法施行規則の改正が行われ，学校評価の実施が法的根拠を伴うようになった。学校教育法における学校評価は，学校教育法第42条に学校の経営責任として，“文部科学大臣の定めるところにより当該小学校の教育活動その他の学校運営の状況について評価を行い，その結果に基づき学校運営の改善を図るため必要な措置を講ずることにより，その教育水準の向上に努めなければならない”と記されている。一方，説明責任に関しては，学校教育法43条に“当該学校に関する保護者及び地域住民その他の関係者の理解を深めるとともに，これらの者との連携及び協力の推進に資するため，当該学校の教育活動その他の学校運営の状況に関する情報を積極的に提供するものとする”と述べている。

2010年，文部科学省の「学校評価ガイドライン〔改訂〕」に，学校評価の目的として，“学校の目指すべき目標の達成状況や達成に向けた取り組みの適切さなどを評価することで，組織的・継続的に学校運営を改善すること。自己評価，学校関係者評価の実施・公表により，適切に説明責任を果たすこと，保護者や地域住民からの理解・参画を得ながら学校・家庭・地域の連携協力による学校づくりを目指すこと，学校評価の結果を踏まえ，教育委員会などが学校に対する支援・改善を行うことにより，教育水準の保証・向上を図ること”と述べている。

2016年，文部科学省の「学校評価ガイドライン〔改訂〕」では，学校評価は自己評価，学校関係者評価，第三者評価の３つの形態に整理された。

以上のような経緯で学校評価は実施されてきたが，学校評価の課題は，その結果が学校改善に結びつかないこと，その結果を活用できないこと，ガイドラインの項目のまま評価を行い地域や学校の独自性や課題が反映されないことの３点が挙がっている[28]。このような学校の現状に合わない一律的，形式的な学校評価は，学校の独自性や課題性が反映されず，学校を他律的なものとし，実質的な学校評価とはなっていない。すなわち，義務教育システム改革における「学校評価」は一律的，形式的であり，協働構築の阻害要因となっている。

（5）教員の自律

学校組織の協働には学校組織構成員である教員の自律が求められる。教員の自律には，義務教育システムである「学習指導要領」「全国学力・学習状況調査（以後学力調査）」「教員評価」が大きな影響を与えている。以下にそれぞれ整理する。

まず，「学習指導要領」は，教育課程や指導計画の修正を図り，教育内容や指導方法の改善を進めることを目的に，約10年に一度改訂される。これは個々の教員の意識の変化を迫る動きであるが，新しい指導方法の多くは既存の組織体制に組み込まれ，時間の経過とともに失われてしまうことが多い。

新学習指導要領改訂の基となった2016年の中央教育審議会答申「幼稚園，小学校，中学校，高等学校及び特別支援学校の学習指導要領等の改善及び必要な方策等について」では，“児童生徒が主体的に学び，新しい社会の在り方を自ら創造することができる資質・能力を育む”ことの意義が繰り返し強調されている。さらに，教員に対し，「学びの本質」を示し，それを理解したうえで，各学校の現状に合わせた「学びの本質」を設定し，検討し，「創意工夫に基づく指導法の不断の見直し」を全教員の協働で実施することを求めている。学校教育の目的は「学びの本質」の達成であり，学習指導要領は学校教育の目的達成のための一つの手段である。しかし，教員は，学習指導要領の実施を教育の手段ではなく教育の目的としていることが少なくない。

つまり，教員は自校の現状に合わせた「学びの本質」を考慮することなく，全国一律の画一化・標準化された学習指導要領を教育の目的とした教育を実施している。すなわち，画一化・標準化された「学習指導要領」は，教員の自律を失わせ協働構築の阻害要因となっている。

次に，「学力調査」について述べる。「学力調査」は，「教育の結果の検証を国の責任」で行うための制度として2008年から実施されてきた。2017年，文部科学省専門家会議による「全国的な学力調査の今後の改善方策について（まとめ）」には，“学力調査は，学校や教師，児童生徒にとり目標設定の役割を果たす”ことが明記されている。つまり，各学校の教育目標に沿った授業を実践し，その結果を学力調査で測り，国が検証し，次の教育目標を国が決定するものである。すなわち，国の作成した学力調査という学力を測る手段の結果が各学校の教育目標となり，この教育目標は全国一律のものとなる。

このような全国一律に実施される学力調査の結果が，学校の教育目標設定の役割を果たし，学校における教育改善の指標として教員，学校にとり大きな影響力を持ってきた。確かに，「学力調査」は児童生徒と教員に意味のある情報を提供してきた。しかし，学力調査における「学力」は，学校や教師及び児童生徒の実態や現場の実践からの「学力」ではなく，国から「付与されたもの」であり，さらに，調査により測定できる学力は特定の一部分であるため「学力の一形態」に過ぎない。また，このような学力調査の結果は，国の決めた教育目標や学習指導要領による画一化・標準化された学習の結果であり，教員の教育活動によって，児童生徒がどれだけ伸びたかを測るものとなっていない。その上，各学校の児童生徒の能力，家庭や社会の教育力等児童生徒の個別性が考慮されていない。すなわち，「学力調査」で児童生徒の「真の学力」を測ることはできないのである。

本来，学力調査の結果は，児童生徒と教員間の個別の問題であるため，各教員が自律的に児童の実態や現場の実践に合わせた調査項目を設定し，調査方法を検討し，その調査結果を活用することが求められる。しかし，実体は，各学校の現場の実態に合わない現行の「学力調査」をそのまま実施しており，教員の自律を奪うことになっている。すなわち，「学力調査」は，協働構築の阻害要因となっている。

最後に，「教員評価」について述べる。「教員評価」は，学校評価に伴い実施され，教員の管理体制は強化されるようになってきている。2017年，文部科学省の「教員評価システムの取り組み状況について」によると，“教員評価の目的は，教員の資質の向上，質の高い教育の実現，学校教育の信頼確保，教育の課題を解決のために，教員評価により，教員が自らその教育活動を見直し，自発的に改善していくとともに，教員の能力と業績を適正に評価し，意欲と自信を持たせ，教員の指導力や勤務実績が処遇上も報われるようにしていくことである”と記されている。つまり，教員評価の目的は，教育活動の改善，教員の能力の適正評価，教員のモチベーション向上，処遇改善である。

しかし，現行の教員評価は，教員の能力と業績を適正に評価するものではなく，児童生徒の学力調査の結果で教員を評価し管理している[29]。したがって，このような評価では，教員評価の目的は達成されない。そもそも，学力調査の結果は，前述したように「真の学力」を測るものとなっていないため，教員には教員評価に対する不信感が芽生え，教育活動に対する意欲と自信を減退させ，教員の自律性は失われ，「教員評価」は協働構築の阻害要因となっている。

その上，教員評価の導入だけでなく，教員免許更新制度の導入，不適格教員（力量不足教員）の教職排除政策等の教育施策が次々と作られてきている。これらの教育施策も教員の自律を圧迫し，協働構築の阻害要因となっている。なお，教員免許更新制度は2022年７月に廃止されている（3.1.1(4)）。

以上のように，義務教育システムにおける「学習指導要領」「学力調査」「教員評価」を概観したところ，すべての施策が国の決めた教育目標のもと，学校，教員が実施し，国が評価するという構図になっている。また，これら３つの施策は，教育目標達成のための一つの手段であるはずだが，その実施自体が教育目標となっており，これらの施策を命ずることになっている。つまり，教員は，目の前の児童生徒の課題や学校の課題を自ら考えるのではなく，命じられた施策を実践するだけの思考停止状態に陥ってしまっていることは否めない。

これらの施策は，教員が自ら考え，教育を実践していくという当事者性を喪失させ，教員のやる気を後退させ，教員間の関係性を閉じさせ，同僚性を消失させる。その結果，教員の自律性を奪うという構図となっている[30]。すなわち，義務教育システムにおける「学習指導要領」「学力調査」「教員評価」は，教員の自律を奪い協働構築の阻害要因となっている。

（6）協働パターン

学校組織内（教員と専門職）の協働について「協働パターン」を用いて概観する。学校組織内の協働は，教員間の協働，専門職間の協働として均質性協働と，教員と専門職間の協働として専門性協働に区別できる。均質性協働は同職種間の協働であるため，協働は容易である。一方，専門性協働は異職種間の協

表Ⅲ－１　専門性協働の特徴

項目	特徴
組織構成員	異なる専門教育課程や職業観をもつ
職務分担	専門性に基づき決定される 職務が重なる部分もあるが職務分担の取り決めが重視される（異なる職種の人が能力的に可能でも職務交代はないことが基本）
関係性	専門性によるヨコの関係
相互理解：協働構築	異なる背景のため互いの専門性を理解し合う必要がある

出典：荊木まき子・淵上克義．学校組織内の児童・生徒支援体制における協働に関する研究動向．岡山大学大学院教育学研究科研究集録．2012年，vol. 151，p. 34. を参考に筆者作成。

働であるため，互いの専門性を理解することが求められ，協働は困難である。つまり，学校組織内の協働のうち，教員と専門職間の協働である専門性協働は協働構築の阻害要因となっている（Ⅰ章：1.1.4）。

学校図書館活用における教員と司書教諭の協働の場合，司書教諭は教員であり，学校図書館における専門職でもあるため，学校組織内では，その立ち位置によって協働のパターンは変化する。平常は教員同士の均質性協働となり，協働は容易である。しかし，教員が学校図書館を活用する時は，司書教諭は学校図書館の専門職として教員を支援するため専門性協働になり，協働構築の阻害要因となる（表Ⅰ－３，表Ⅲ－１）。

（７）「チーム学校」

近年，文部科学省から「チームとしての学校（以下「チーム学校」という）」が提言され，全教職員の協働構築が求められている。そのため，学校組織内の協働構築の阻害要因の観点に「チーム学校」をプラスした。

文部科学省が掲げている「チーム学校」とは，学校組織の課題の対応として，教員と専門職が協働し，全教職員で組織的に教育に当たることを指している。なお，対応すべき学校組織の課題は，教育課題の複雑多様化と，教員の長時間労働・多忙・バーンアウトが挙げられている。

まず，教育課題の複雑多様化の側面から「チーム学校」について説明する。

学校組織は，元来，複雑多様性の高い組織であるが，近年，社会の変化，学校体制の変化などにより，教育課題の複雑多様化が増々進んでいる。具体的には，不登校，暴力行為等の生徒指導上の課題[31]，特別な支援を必要とする生徒の増加，日本語指導が必要な外国籍の児童生徒の増加[32]，高い数値を示す子どもの貧困率[33]が挙げられている。学校は，このような複雑多様化した課題の対応が求められている。

このように複雑多様化した課題の対応には，教員と多様な専門職との協働構築，つまり，「チーム学校」が有効である。しかし，教員はこれらの課題の対応に当たり「教員が担う」ことを前提に議論しがちであったため，形だけの「チーム学校」となっていた。なぜなら，日本の学校は教職員の中において教員の割合が圧倒的に高いことで成立しており，学校は教員のみの職場と捉えるような実態があった[34]。さらに，学校教育関係者（教員，研究者）も教員のみに目を向ける「教員論」を語り，多種多様な専門職員から構成された職場として学校をとらえる「教職員論」の視点を欠いていたことが挙げられる。学校の複雑多様化した課題の対応には「教職員」の視点，つまり，教員以外の多種多様な専門職員（スクールカウンセラー，スクールソーシャルワーカー，特別支援教育に関わるスタッフ，学校司書など）に目を向けることが重要である。

学校組織における専門職員の多種多様化の傾向は，経営的な役割の側面としての専門分化，教育的な職務内容の側面としての専門分化の二つの側面から捉えることができる。第一の側面である経営的な役割の専門分化は，校長，教頭，主幹，主任，指導教諭等の職位を配置するといういわゆる「縦の専門分化」と捉えられる。第二の側面である教育的な職務内容の専門分化は，養護教員，栄養教員，司書教諭などを配置するといういわゆる「横の専門分化」と捉えられる。このように専門分化の進んでいる状況の中，学校組織では，正規，非正規，臨時，常勤，非常勤，委託など勤務形態の多様化も進展している。

これまでの学校組織の職務体制は，組織構成員の職務内容，勤務形態における「同質性」を基盤としていたが，「縦の専門分化」「横の専門分化」と「勤務形態の多様化」に伴い，「異質性」が現れるようになってきた[35]。この「異質性」が「チーム学校」における協働構築の阻害要因となっている。

次に，教員の長時間労働・多忙・バーンアウトの側面から「チーム学校」について述べる。これらの課題を解決するには教員の増員という教育施策が求められるが，教員の定数削減が実施されている現状である。そのための代替案として，教員以外の専門職を雇用し，「チーム学校」で課題を解決する方向へと進んできた。その経緯を以下に説明する。

2014年，教育再生実行会議（首相の私的諮問機関）「今後の学制等の在り方について（第五次提言）」に，“教員の勤務時間や授業以外の活動時間が世界的に見て格段に長いことを踏まえ，教員が子どもと向き合う時間を確保し，教育活動に専念できるようにする観点から，学校経営を支える管理・事務体制の充実，スクールカウンセラーやスクールソーシャルワーカー等の専門職の配置や活用が進むよう，制度面・財政面の整備を行う”と提言されている。これは，「教員中心の学校経営観」から「全教職員を組み込んだ学校経営観」への転換であり，「縦の専門分化」と「横の専門分化」の推進となった。

2015年，財政制度等審議会「財政健全化計画等に関する建議」に，“教員の多忙に関して，国が責任を持ち徹底した事務作業の効率化を図るとともに，外部人材の活用，関連部門との連携を図ることで教員が教育勤務に専念できるように負担軽減を図る必要がある”と述べられ，学校外部人材の活用や関連部門との連携を強調している。

一方，文部科学省は，教員を定数削減した上での施策に対し，「財政健全化計画等に関する建議に対する文部科学省の考え方」として，以下のような反論を試みている。“学校現場を取り巻く課題が複雑・困難化する中，時代の変化に対応した新しい教育に取り組まなければならない状況を考慮していない。教育再生の推進のためには（略）機械的な教員定数削減ではなく，加配定数をはじめとする教職員定数の戦略的充実が必要である”とし，教員の加配を求めている。つまり，文部科学省は，教員の長時間労働・多忙などの課題解決には，学校外部人材を活用することで補う教員定数削減ではなく，教員定数の戦略的充実（加配）した上での施策が不可欠であると反論を試みている。同年，文部科学省は中央教育審議会答申「チームとしての学校の在り方と今後の改善方策について」を出したが，これには，教員以外の専門職の配置や活用の仕方について学校をいかに組織的に開発していくかの具体的な視点や提言はなかった。

以上のように，「チーム学校」の施策は，「多職種によって構成される学校組織の構築」「外部人材の活用による連携」の必要性は述べられているが，学校組織内における全教職員の協働構築の具体的な方法の提示はなく，協働構築の阻害要因となっている。

（8）学校組織内の協働構築の阻害要因を抑制し協働を構築する方法

学校組織内の協働構築の阻害要因を抑制し協働を構築する方法をそれぞれの観点ごとに明らかにする。

学校組織の職務体制である「個業型」は，組織としての統合性を失い，組織的な改善意欲を抑制し，学校組織の形骸化につながり，教員間の閉塞感を高め，協働構築の阻害要因となっている。このような阻害要因を抑制し協働を構築する方法は，個業化のマイナス面を抑制し，統合化することである。つまり，教員個人の裁量性に委ねる個業化だけでなく，組織的に教員間の個人と個人の相互作用を活性化させること，つまり，コミュニケーションを活性化させることで学校組織を統合化することである[36]。

学校組織の職務分担である校務分掌は，「鍋蓋型組織」から「官僚制組織」へと変遷してきた。しかし，官僚制組織は，合理的なマネジメントを導入するものであり，規則重視の管理が行われるため，複雑多様な課題を抱える小規模組織，創造的な業務を遂行する組織，目標の共有化を図ることが難しい組織である学校組織には適さない。この阻害要因を抑制し協働を構築する方法は，学校組織構成員のネットワークを媒介にしながら水平的で柔軟に結合した組織構造である「ネットワーク組織」[37]が求められる。

学校組織文化には，教員文化，教科文化，学級文化があり，「同僚性」の希薄化と「学びの共同体」の機能低下といったネガティブでクローズドな文化や状況があり，個業化を増大し，教員の関係性を閉ざしている。具体的には，変化と自由な対応ができず，保守的な傾向，見て見ぬふり行動，縄張り意識，自尊感情が強くなるといったマイナス面が指摘されている。このような阻害要因を抑制し協働を構築する方法は，フォーマルなコミュニケーションだけでなく，インフォーマルなコミュニケーションの推進による「同僚性」の回復と「学びの共同体」の機能回復を図ることである。

学校組織の自立は，教育行政における「地方分権・規制緩和の実行」が成されたが，予算が伴わなかったため裁量性の拡大は形骸化し，その結果，公権力の強化となり学校の自立を阻んだ。また，学校評価は，一律的・形式的であり，各校の独自性や課題性の反映される実質的な学校評価になっておらず，学校組織の自立を阻むものであった。このような教育行政改革による阻害要因を抑制し協働を構築する方法は，教育政策の予算の整備と各学校の独自性や課題が加味された実質的な学校評価を実施することである。

教員の自律には，義務教育システムである，「学習指導要領」「学力調査」「教員評価」が大きな影響を与えている。これらの施策は，すべて，国が決めた教育目標のもと，学校・教員が実施し，国が評価するという構図になっている。また，これらの施策は，教育の目標達成のための手段の一つであるはずだが，その実施自体が教育の目標となっており，これらの施策を命ずる結果となってしまっている。つまり，公権力が強化されることになっている。すなわち，教員は国から命じられた施策を実践するだけの思考停止状態に陥り，教員の当事者性は喪失され，やる気を後退させ，教員間の関係性を閉ざし，同僚性を消失させ，教員の自律は失われる。この義務教育システムによる阻害要因を抑制し協働を構築する方法は，全教員で自校の課題を見極め，目標・教育計画を設定し，実践し，適切な教員評価をすることで教員のやる気を起こし，当事者性を回復し，同僚性を育むことで，学びの共同体の機能を取り戻すことである。

学校組織内の協働パターンは，均質性協働と専門性協働の２つのパターンがある。専門性協働は異職種間の協働であるため，互いの専門性を理解し合うことが求められ，協働は困難であり，阻害要因となっている。このような阻害要因を抑制し協働を構築する方法は，教員が専門職を理解することが求められるが，専門職は限られた職務体制のため，難しい。そこで，その職務体制を可能な限り教員と同じ職務体制で雇用し，教員が他の専門職の専門性を理解するためのコミュニケーションを活性化する時間をつくることである。

「チーム学校」は，学校組織の課題の複雑多様化と教員の長時間労働・多忙・バーンアウトの解決策として文部科学省から提言された施策である。まず，学校組織の課題の複雑多様化の解決策として専門職の配置を進めたが，そのことにより職務内容の専門化，勤務形態の多様化が起こった。このことで，「同質性」を基盤とした学校組織は，教員と専門職間に「異質性」が生じ，協働構築の阻害要因となった。このような阻害要因を抑制し協働を構築する方法は，多様な専門職を教員と同様の正規雇用とし，職務体制を整えることである。その上で，専門職を本務以外の教育活動へ参画させることを可能とし，「異質性」を緩和することである。さらに，校長や教育委員会から専門職への支援が求められること[38]，専門職の職務を明らかにし，教員の理解を深めることである[39]。

次に，教員の長時間労働・多忙・バーンアウトの解決策は，教員増員の教育施策が求められるが，教員削減が進められている現状である。その代替案として専門職を雇用し，教員と専門職の協働を構築する施策が進められてきたが，組織的な視点と具体的な提言はなされてこなかった。これが，協働構築の阻害要因となっている。このような阻害要因を抑制し協働を構築する方法は，組織的な視点を持ち学校の経営体制を整備・変革する方法を具体的に提示し，進めることが求められる。さらに，「チーム学校」の意義を教員研修で伝えることや教員養成課程で「チーム学校」における協働構築方法を学ぶ機会を設けることも重要である[40]。

3. 1. 2　学校図書館組織内の協働構築の阻害要因

（1）職務体制

近年，学校図書館組織では，専門性の異なる司書教諭と学校司書が配置され，それぞれの専門性を活かした「協働」が求められるようになってきている。両者の協働構築には，司書教諭の全校発令，学校司書の全校配置が求められる。しかし，現状では，両者の発令，配置は進んでおらず，両者が必ずしも学校図書館に存在するとは限らない状況である。

司書教諭の発令は，学校図書館法で12学級以上の学校には，義務づけられており，ほぼ全校に発令されているが，11学級以下の学校では努力義務に止まり，発令されている学校は約30％に過ぎない[41]。したがって，司書教諭が発令されていない学校の場合は，学校図書館担当教員が配置されている。また，司書教諭及び学校図書館担当教員は，学校図書館の経営に関心や経験のある専門性のある人が求められるが，これらの教員を任命する立場である校長の学校図書館に対する認識が乏しく，専門性を持つ適任者が選ばれるとは限らない現状である。そのため，学校司書との協働は停滞することが少なくない。さらに，司書教諭の職務量は多いため専任での発令が求められるが，法的・予算的に厳しい状況である。そのため，「兼任・充て職」の司書教諭は学校図書館の職務を果たすことができない現状である。せめて，学校図書館の職務に携わる時間の確保が求められるが，このような時間を確保している司書教諭は非常に少ない[42]。以上のように，司書教諭の職務体制は，それぞれの地域や学校で異なっている。

一方，学校司書は，総じて「非常勤・非正規」という限られた職務体制のため，職務を確立し，その存在を周囲から認知されることは困難である。その上，学校司書自身には，役割権限に対する自己評価の低さもある[43]。学校司書は勤務日数が少なく，その上，勤務時間が短いため，司書教諭から学校司書に支援を常時頼めないこと，その支援を頼むには所定の手続きが必要であることなどの理由から両者は協働したくともできないことが多い。そのため，司書教諭にとり学校司書が協働の相手として意識に上りにくいことは否めない[44]。

以上のような実態から両者の協働において，両者に葛藤が伴うことが指摘されている[45]。次に，学校司書の職務体制が「非常勤・非正規」であることが多い経緯を説明する。

1953年，学校図書館法成立後，1997年の学校図書館法改正（12学級以上の学校に司書教諭発令義務：11学級以下の学校は発令努力義務）まで，長期にわたり司書教諭の発令は義務ではなかったため見送られ，学校図書館に司書教諭の不在は続いていた。そのような中，学校図書館の業務を担う人の不在問題が発生し，それを補うために学校司書が自然発生的に誕生した経緯がある。

当初，学校司書は司書教諭・学校図書館担当教員の事務補助の形で雇用されていた。これは，教科教員と実習助手の関係を学校図書館内に求めたものである。しかし，この状況は司書教諭・学校図書館担当教員が不在の中，支援する側である学校司書を「非常勤・非正規」の職務体制で配置した間に合わせのものであった。つまり，支援される側である司書教諭不在のまま配置された学校司書の存在が，学校図書館の業務を支えてきたのである。

このように，司書教諭の不在をカバーし，学校図書館を運営してきたのが学校司書であった。学校司書があったからこそ今日の学校図書館が維持され，発展してきたのである。この状況が長期にわたり続いたため，「非常勤・非正規」の学校司書配置状況[46]のままでも，学校図書館の運営はできるとの認識が教育委員会や管理職に芽生え，この状況が現在も続いている。

学校図書館組織における職務体制は，このような経緯があり，「兼任・充て職」の司書教諭と「非常勤・非正規」の学校司書となっている。つまり，この職務体制は，学校図書館活用における両者の不在を意味しており，協働構築の阻害要因となっている。

（2）職務分担

学校図書館組織の職務分担は，学校図書館組織において，どのように司書教諭と学校司書の職務（役割）を分担しているかを示すものである。両者が協働を構築するには，両者の専門性を基に職務分担を明確にすることが求められるが，学校図書館法は両者の専門性の違いを明確にしておらず，両者の職務分担は曖昧である。その上で，司書教諭は教育的職務，学校司書は事務的職務とそれぞれの専門性に基づき決められているが，両者の関係性は，異なる資格背景（司書教諭は司書教諭課程による資格制度あり，学校司書は資格制度なし）のため，互いの専門性を理解し合うことが難しい。そもそも，学校司書には資格制度がないため，その専門性は確立されているとは言いにくい。

このようななか，2014年に学校図書館法改正により，学校司書が法制化されたが，資格制度は確立されなかったため，その職務体制，専門性に個人差があり課題となっている。一方で，学校司書の専門性に関して，2016年に文部科学省の「学校図書館整備充実に関する調査研究者会議」で検討され「学校司書モデルカリキュラム」が提案され，大学や短大で学校司書養成講座が始まったところである。しかし，これは，資格制度ではないため，専門性の担保は期待できない。

以上のように，司書教諭と学校司書の専門性を明らかにするのは難しく，その職務の重なる部分もあり，職務分担は曖昧である。つまり，職務分担の曖昧さは両者の協働構築の阻害要因となっている。

（3）組織文化

学校図書館組織文化を述べるに当たり，学校図書館組織構成員である司書教諭と学校司書の学校図書館組織における在り方に触れる。司書教諭は，資格制度があり専門職として認められている。しかし，学校司書は，公共図書館の司書資格ありの人が多いが，資格制度はなく学校図書館の専門職として認められているとは言いにくい。また，学校司書は，歴史的に司書教諭の事務補助としての配置であり（3.1.2(1)），教員中心の学校文化において認知されることは難しかった。このような在り方は，学校司書が教員の専門性に関わる職務（教育に関わる職務）を実施しようとすると，司書教諭の職務侵害となることがある。また，司書教諭が学校司書に教育に関わらない非専門的な職務を求めると，学校司書はつまらない，やりがいのない職務と感じることになる。以上のように，学校図書館組織内における両者の在り方には職種による暗黙の上下関係（力関係）が存在する。

このような職種による暗黙の上下関係をパワー・ポリティクスという。パワー・ポリティクスとは，“対人関係や部門間で影響力を競い合うことであり，保有している資源の大きさがその影響の度合いを決めることが多い。資源の少ない人はコミュニケーションを通して意思伝達することでパワーを得ることが必要である。しかし，非正規雇用や不規則勤務のような資源の少ない人は，立場が弱くコミュニケーションを控えることも多い”[47]。つまり，資源の多い人はそれを基にパワーを行使し，資源の少ない人はパワーを大きくすることで自分の思いを実現しようとするため，両者の間に駆け引きが存在し，これがパワー・ポリティクスである。

以上のことを，学校図書館に当てはめてみると，「非常勤・非正規」の職務体制の学校司書は資源が少ないため立場が弱く，資源の多い司書教諭との間にこのパワー・ポリティクスが存在する。このような両者の職務による暗黙の上下関係から両者間に駆け引きを生じさせる学校図書館組織文化は，両者の協働構築の阻害要因となっている。

（4）組織の自立及び組織構成員の自律

学校図書館組織は，組織の自立及び組織構成員の自律そのどちらも欠けている。その大きな要因として以下の４点が挙げられる。

第一に，学校図書館組織は学校組織に含有されており，学校組織や学校組織構成員に依存し，大きな影響を受ける。つまり，学校図書館組織及び組織構成員は，学校組織及び組織構成員からの自立・自律を得ることは難しい。

第二に，学校図書館発展の歴史的背景である。戦後の占領下において，第一次（1946年）と第二次（1950年）米国教育使節団が来日し，「教材センターとしての学校図書館」を提言し，「学校図書館は学校の心臓部」と言及し，教育における学校図書館の必要性を強調した。その後，日本の学校図書館は，教育制度や社会環境の異なる米国の教育制度における「学校図書館観」の導入が進められた[48]。つまり，日本の学校図書館の発展は日本の現状とは異なる米国から導入されたものであり，自立的なものではなかった。その後，1960～1980年代，日本の学校教育は受験戦争に向かい，学校教育と学校図書館に乖離が生じ，学校図書館発展の低迷期であった。1990年代以降，課題解決型の探究学習が学校教育に導入され，学校教育における学校図書館の発展期を迎えている。しかし，この発展も単独法である「学校図書館法」があることで，学校図書館主導のものではなく文部科学省主導のもとで推進され，学校図書館組織及び組織構成員の自立・自律は欠けたものとなっている。

第三に，学校図書館に関する意義や重要性の教員間での認識不足である。多くの教員の学校図書館に関する認識は，「学校図書館担当者を配置し，本を購入・整理・管理し，児童生徒に読書させるために連れていく場所」であろう。学校教育における学校図書館活用の実質的な活動の少ない状況では学校図書館組織及び組織構成員の意義や重要性を教員が認識することは難しい。そのため，学校図書館組織及び組織構成員の自立・自律は欠けている。

第四に，学校図書館組織構成員の職務体制である。司書教諭は，「学校図書館法第５条」で専門的な力量を備えた担当者が求められているが，「兼任・充て職」であり，学校図書館に関する多くの職務の遂行は時間的に難しい。一方，学校司書は，2014年「学校図書館法第６条」に明記されたが，法改正以前も以後も資格制度はなく，配置は努力義務である。その上，職務体制は，総じて「非常勤・非正規」である。このような学校図書館組織構成員の職務体制は学校図書館における両者の不在を意味しており，学校図書館組織及び組織構成員の意義や重要性が教員に認知されにくく，学校図書館組織及び組織構成員の自立・自律は難しい。

以上のような4つの状況が現在まで長期にわたり続いており，学校図書館組織及び組織構成員の自立・自律の欠如は両者の協働構築の阻害要因となっている。

（5）協働パターン

学校図書館組織内における司書教諭と学校司書の協働パターンは，司書教諭の立ち位置により変化する。司書教諭が専門職の立場の時は均質性協働となり協働は容易である。しかし，司書教諭が教員の立場の時は専門性協働となり，両者は互いの専門性を理解する必要があり，協働は困難である。その上，両者の専門性が曖昧なことが相互理解を難しくしており，両者の協働パターンは協働構築の阻害要因となっている（表Ⅰ-2参照）。

（6）経営概念及び組織概念

学校図書館には，学校図書館担当者として，司書教諭と学校司書が「専任・常勤」で配置されることはなく，どちらか一人を配置する職務体制が長期にわたり続いていた。そのため，組織として捉えられることはなく，経営概念は語られてこなかった。しかし，近年，学校図書館法の改正があり，学校図書館は司書教諭と学校司書の二人体制に変化してきている。そこで，本書では，学校図書館を組織として捉え，経営概念及び組織概念を学校図書館における協働構築の阻害要因の観点にプラスした。以下に学校図書館における経営概念及び組織概念の経緯について説明する。

図書館全般において，その経営概念は語られてこなかった。その理由を小泉公乃は以下のように述べている[49]。

> 図書館は「良いものだ」という考えが自明であり経営は必要ない（図書館性善説），図書館は文化活動の一環であるから経営は必要ない（図書館文化活動論），図書館は蔵書を保有すればよいので経営は必要ない（図書館設備論）の論議があったことによる。これまでの，図書館経営は，最初に

図書館の理念・原則を示し，その後具体的な業務を論じるというものであった。一方で，理念・原則のみでは不十分と感じた人が企業の経営組織を対象とした経営論を図書館に示してきた。

学校図書館における経営概念も同様であり，戦後に文部省から出された手引き書，学校図書館に関するテキスト類，学校図書館に関する論文を通読しても，おおかた，技術面，指導面など具体的な業務に留まるものであった。以下にその経緯を記す。

1959年，文部省から学校図書館の充実活用を図るための一つの指針として，『学校図書館運営の手びき』が出版され，その後の学校図書館に関わる議論に用いられてきた。この手びきの内容は，ほとんど具体的な業務に留まるものであった。とはいえ，学校図書館経営については，“学校図書館経営は，管理面と運営面に大別され，その管理面は，図書館の事務的・技術的仕事，人事管理”と示されている。一方，組織に関しては，“計画性・一貫性を持って運営すること，必要な委員会を設けて，学校図書館運営の円滑を帰すること”と述べられている。

次に，学校図書館運営については，“図書館の奉仕・指導の諸活動”が挙げられている。さらに，“学校図書館運営の基本方針や具体的計画を立てること”が記されている。その内容は，“学校教育の目的をより効果的に実現していくために学校図書館をどう運営するのが良いかを明らかにし，学校図書館運営と学校の教育計画全体の有機的一体性を実現しなければならない”としている。また，学校図書館運営は，“学校全体の運営機構や教育計画に即応した計画性と組織づけを持つことが大切であり，このような計画性と組織づけをどのようにするかが学校図書館運営の問題である”と述べている。さらに，“学校の全教育活動と学校図書館運営を有機的に関連づけるためには，適切な組織をつくる”と言及している。

このように，『学校図書館運営の手びき』では，学校図書館経営について管理面と運営面に大別し，学校図書館運営について，組織委員会を設け円滑に運営する，学校図書館の評価と改善を図る，学校図書館運営と教育計画全体の有機的一体性を実現する，学校の運営機構や教育計画に即応した計画性と組織づけをもつことが提案されている。しかし，これらの提案は，学校図書館で語られ，実践されることは少なく，現在の学校図書館において未だに達成されていないことが多い。

1990年以降，学校教育は，課題解決型学習（調べ学習，総合的な学習など）の導入，教育情報の飛躍的な増加などの変化を受け，学校図書館活用が要請されるようになった。1998年，学校図書館の充実等に関する調査研究者会議から「司書教諭講習等の改善方策について」が出され，司書教諭に期待される資質能力として“単なる日常的な学校図書館業務遂行の技能等ではなく，教師としての力量や学校図書館に関わる教育論，経営論などが一層求められるようになってきている”と指摘された。そこで，「学校図書館司書教諭講習規程」が改訂され，学校図書館の教育的意義，経営などの全般事項についての理解を図る科目として「学校経営と学校図書館」が新設された。この科目は，司書教諭に経営の視点を求めており，学校図書館における経営概念の出発点となるものであった。

司書教諭科目に「学校経営と学校図書館」が新設されたことを受け，1999～2004年にかけて「学校経営と学校図書館」の教科書や関連図書が出版され，学校図書館経営概念と組織概念の明確化やその内容の体系化が図られた。これらの文献における学校図書館経営の定義から学校図書館における経営概念及び組織概念の比較を以下に試みる。

福永義臣編著『学校経営と学校図書館』における学校図書館経営の定義は，“学校図書館の目的を達成するために，学校図書館をいかに適切かつ効率的に管理・運営を図っていくかという営み”[50]としているが，組織に関する言及はない。

熱海則夫，長倉美恵子編著『子どもが生きる学校図書館』では，“経営の責任者である司書教諭（主任）が，図書館の経営目標を設定し，これを達成するために適切な計画を立て，その遂行に必要な組織を作り，役割分担によって効率的な運営を行うこと”[51]と述べ，組織にも言及している。

古賀節子編集『学校経営と学校図書館』では，“図書館が学校の教育目標の達成を図る上で必要な各種の計画を立てる一連の創意機能”[52]とされているが，組織に関する言及はない。

山本順一編著『学校経営と学校図書館』では，“学校図書館の目的を達成するために，司書教諭などの学校図書館の経営の責任者を中心として，図書館の具体的な経営方針を設定し，経営方針の実現に向けてふさわしい計画を立て，必要な組織を作り，効率的な運営を行っていくこと”[53]とされ，組織に関する言及がある。

渡辺重夫著『司書教諭のための学校経営と学校図書館』には，“学校図書館の目的を実現するために，図書館運営の方針を立て，必要な組織を作り，諸資源（人，メディア，施設・設備）を効率的に編成しながら，事業を継続的に実行すること”[54]とされ，組織に関する言及がある。

以上のように，これらの文献には，「学校図書館の目的の達成」「学校図書館の効率的管理・運営」「学校図書館組織の作成」について述べられ，経営的及び組織的な知見が積極的に取り入れられているが，学校図書館の経営概念及び組織概念に関する具体的な言及はなかった。

一方，学校教育において1998年の中央教育審議会答申「今後の地方教育行政の在り方について」では，「特色ある学校づくり」が提唱され，学校経営の特色に学校図書館の活用を取り入れる学校が出現し，学校図書館における経営概念の芽生えを後押しした。これを契機に，文部科学省の学校図書館に関する教育事業として，学校図書館資源共有モデル事業（2001～2003年度），学校図書館資源共有ネットワーク事業（2004～2006年度）が実施された。これらの教育事業は，学校図書館と公共図書館間にネットワークを構築し，学校図書館と公共図書館の資源を共有化し（主に公共図書館の資料を学校図書館へ貸し出す），教育活動の充実を目指すものであった。その結果，学校図書館経営について学校経営を越えたより広い経営の視点から捉えなおしていくこと，学校図書館経営は学校経営から一定の自立性を確保するための主体的な経営が求められることになった[55]。

以上のように，1998年，司書教諭科目に「学校経営と学校図書館」が新設され，同年，地方教育行政の在り方において「特色ある学校づくり」が提唱され，学校経営に学校図書館を取り入れる学校が出現し，学校図書館における経営概念及び組織概念の出発点となったが，その後，組織的運営，協働構築について具体的に議論され，語られることや学ぶ機会はなく，研究されることも少なかった。つまり，学校図書館における経営概念及び組織概念の認識不足は協働構築の阻害要因となっている。

（7）学校図書館組織内の協働構築の阻害要因を抑制し協働を構築する方法

学校図書館組織内の協働構築の阻害要因を抑制し協働を構築する方法をそれぞれの観点ごとに明らかにする。

学校図書館組織の職務体制は，司書教諭は「兼任・充て職」，学校司書は「非常勤・非正規」であり，両者の学校図書館における不在が日常化している。このような学校図書館における両者の不在は，協働構築の最大の阻害要因となっている。この阻害要因を抑制し協働を構築する方法は，司書教諭の職務体制を，「専任・全校発令」とし，学校司書の職務体制を「常勤・正規配置」とすることである。しかし，この実現は法的・予算的に難しいため，両者の不在のなかでも，相互理解による協働構築の場として，各校の職務体制に合わせた両者合同の継続的な研修の機会の設定が求められる。

学校図書館組織の職務分担は，司書教諭は資格制度があり，学校司書は資格制度がないため，その専門性は曖昧である。同様に，「学校図書館法」においても司書教諭と学校司書の専門性の違いが明確にされていないため，両者の専門性は曖昧である。このように，それぞれの専門性を明らかにできない職務分担は協働構築の阻害要因となっている。このような阻害要因を抑制し協働を構築する方法は，司書教諭と学校司書の専門性と職務内容の違いを明確にし，職務分担を明らかにすることである。そのためには，両者合同の継続的な研修により，各学校ごとに互いの専門性を理解し，両者の実情に合わせた職務分担を明らかにすることが有効である。

学校図書館の組織文化は，司書教諭と学校司書の異なる職務体制や暗黙の上下関係（力関係）によるパワー・ポリティクス（両者間の駆け引き）が存在し，協働構築の阻害要因になっている。このような阻害要因を抑制し協働を構築する方法は，互いの専門性の理解やコミュニケーションが活発に行われる組織に変えることで，暗黙の上下関係を起因とするパワー・ポリティクスを緩和することである。そのためには，コミュニケーションを活性化させ，相互理解を進めることで，両者間に包摂的な関係を生じさせることである。

学校図書館組織の自立及び組織構成員の自律は，どちらも欠けている。その要因は，教員の学校図書館に関する認識不足や学校図書館組織における職務体制の不備が挙げられる。このような協働構築の阻害要因を抑制し，協働を構築する方法は，学校図書館組織の職務体制を整え，教員が学校図書館組織及び組織構成員の意義や重要性を認識し，学校図書館活用の実践を積み重ねていくことである。司書教諭は，教員の学校図書館活用において，学校図書館活用の意義や重要性を伝達するが，その時に学校及び学校図書館両組織内でリーダーシップを発揮することが重要である。

司書教諭と学校司書の協働パターンは，司書教諭の立ち位置によって変化する。学校図書館の専門職の立場で学校司書と協働する時は均質性協働となり協働は容易であるが，教員の立場で学校司書と協働する時は専門性協働となり協働は困難であり，協働構築の阻害要因となっている。このような協働の阻害要因を抑制し協働を構築する方法は，両者合同の研修の実施により互いの専門性を理解し合うことである。

学校図書館の経営概念及び組織概念は，1998年，司書教諭科目に「学校経営と学校図書館」が新設され，同年，地方教育行政の在り方において「特色ある学校づくり」が提唱され，学校経営に学校図書館を取り入れ始める契機となった。その後，司書教諭に学校図書館に関わる経営概念が求められるようになった。そこで，司書教諭課程の教科書（『学校経営と学校図書館』）や関連図書に経営概念及び組織概念は示されたが，具体的に言及されることは少なく，協働構築の阻害要因となっている。このような協働構築の阻害要因を抑制し協働を構築する方法は，司書教諭や学校司書が学校図書館の経営概念及び組織概念を具体的に学ぶ場としての研修が有効である。

3.1.3　教員と学校図書館組織構成員間の協働構築の阻害要因

学校図書館活用における教員と学校図書館組織構成員間の協働は，教員からの支援要望，つまり，協働要望がなくては始まらない。しかし，教員の学校図書館活用や学校図書館組織構成員に対する認識は，「学校図書館活用を支援してくれる人」ではなく，「学校図書館を整備してくれる人」である。つまり，学校図書館活用に対する学校図書館組織構成員の支援を期待していないため，教員から学校図書館組織構成員への支援要望（協働要望）は低い現状である[56]。

その結果，教員は，学校図書館組織構成員からの支援を受けることなく学校図書館活用を実践するため，学校図書館活用は時間や手間がかかる大変さだけが残り，学校図書館を活用しなくなるという負のスパイラルに入ってしまう。しかし，教員が学校図書館組織構成員から学校図書館資料の提供や学校図書館活用方法に関する支援を受けることができたら，そのメリットを実感をする機会となる。その結果，教員は学校図書館活用の支援者として，学校図書館組織構成員を認識するようになり，教員から学校図書館組織構成員への支援要望が上がることが期待される。

以上のように，教員の学校図書館活用における支援者として，つまり，協働相手としての学校図書館組織構成員に対する「教員の認識」に注目し，以下の６つの観点ごとに，教員と学校図書館組織構成員間の協働構築の阻害要因を明らかにする。

（１）学校組織の職務体制における司書教諭の処遇

学校組織の職務体制における司書教諭の処遇の課題は，その職務体制が「兼任・充て職」でありながら，その業務量の多さ，業務に関わる時間のなさが挙げられる。つまり，業務量の多さから司書教諭自身が大変な仕事でやりたくないと感じ，また，業務に関わる時間のなさから業務をやりたくてもできない現状がある。

さらに，司書教諭は教員として採用され，任命されることで司書教諭になるため，給与は他の教員と同じであり，司書教諭資格が給与に反映されない。そのため，司書教諭としてのモチベーションが上がらず教員支援に消極的になるため，教員に認識されにくかった。以上のような学校組織における司書教諭の処遇は教員と司書教諭の協働構築の阻害要因となっている。

（２）学校組織の職務分担における学校図書館組織の位置づけ

「学校図書館ガイドライン」（2016年）によると，学校図書館運営について，“学校図書館に関する校内組織の設定と計画的・組織的な学校図書館運営”とあり，学校組織の職務分担（校務分掌）における学校図書館の位置づけ，計画的・組織的運営が重要であることが記されている。さらに，“校長が学校図書館の館長である”としているが，校長の学校図書館に対する認識が低く，校務分掌上に学校図書館が独立して位置づけられることは少ない現状である。つまり，学校図書館経営組織及び運営組織は他の分掌（生徒指導部や進路指導部）に吸収されていることが多い[57]。

このように，学校図書館経営組織及び運営組織が校務分掌上に独立して位置づけられてこなかったため，学校教育において学校図書館を活用する体制が整わず，教員の認識に学校図書館組織及び組織構成員は上りにくかった。つまり，学校組織の職務分担における学校図書館経営組織及び運営組織の位置づけの欠如は協働構築の阻害要因となっている。

（3）学校組織の教員文化における司書教諭制度

司書教諭制度は，学校教育に教員以外の専門職としての司書教諭の導入を図るものである。しかし，教員内に教員以外の専門職制度を認めない，変化を好まないという傾向が学校組織の教員文化にあり，司書教諭制度は教員に容認されにくく，根づきにくいという事情がある[58]。つまり，教員文化における司書教諭制度は協働構築の阻害要因となっている。

（4）学校図書館組織の職務体制

学校図書館組織の職務体制において，司書教諭は，概ね「兼任・充て職」である。その上，11学級以下の学校の発令は努力義務であるため全校発令に至っていない。一方，学校司書は，学校図書館法に定義されたが配置は努力義務であり，総じて「非常勤・非正規」である[59]。

以上のように，両者は限られた職務体制であるため，学校図書館に不在のことが多い。そのため，教員の意識に上がりづらく，認知されにくい現状である。このような職務体制のため，学校図書館組織構成員に対する教員の認識は乏しく，教員から学校図書館組織構成員への支援要望は少ない。仮にあったとしても，資料提供に止まり職員会議や校務分掌における会議での学校図書館に関する提案，指導計画策定など，緊密な協働が必要なものは少ない[60]。すなわち，学校図書館組織の職務体制の不備は，協働構築の阻害要因となっている。

（5）学校図書館組織の職務分担

学校図書館組織の職務分担を明らかにするには，司書教諭と学校司書の専門性を明らかにすることが求められる。しかし，資格制度が司書教諭にはあり，学校司書にはないこと，また，「学校図書館法」にその専門性が明確に示されていないことがあり，両者の専門性を明らかにすることはできない。そのため，学校図書館組織内での両者の協働は難しく，教員支援を困難にしているため，両者は教員に認識されにくい状況を作り出してきた。このような学校図書館組織内の職務分担の曖昧さは，協働構築の阻害要因となっている。

（6）学校図書館組織の自立及び組織構成員の自律

教員と学校図書館組織構成員が協働を構築するには学校図書館組織が自立しており，学校図書館組織構成員が自律していることが求められる。しかし，学校図書館組織は，そのどちらも欠けているため（3.1.2(4)），学校図書館組織及び組織構成員は教員に認識されることは難しい。つまり，学校図書館組織の自立及び組織構成員の自律は，協働構築の阻害要因となっている。

（7）教員と学校図書館組織構成員間の協働パターン

司書教諭は教員と専門職の２つの立場を兼任しているため，学校組織内における教員との協働，学校図書館組織内における学校司書との協働，それぞれにおいて2つの立場（教員と専門職）をとるため，協働のパターンは複雑である。教員の学校図書館活用における支援において，司書教諭には，教員との協働と同時に学校司書との協働が起こり，それぞれの協働において協働のパターンは変化する。例えば，司書教諭が専門職の立場で他の教員と協働しつつ，同時に教員の立場で学校司書とも協働する場合は双方ともに，専門性協働となる。一方，教員の立場で他の教員と協働しつつ，専門職の立場で学校司書とも協働する場合は均質性協働となる（表Ⅰ-4，表Ⅰ-5）。

以上のように，教員と学校図書館組織構成員間の協働において，司書教諭はその立ち位置により，均質性協働，専門性協働の双方が現れ，協働のパターンは複雑である。そのため，それぞれの協働は難しくもなり，容易にもなる。中でも専門性協働の場合は，学校図書館の職務体制の不備や職務分担の曖昧さがあり，互いの専門性を理解し認識し合うことは難しい。つまり，教員と学校図書館組織構成員の協働パターンは，協働構築の阻害要因となっている。

（8）教員と学校図書館組織構成員間の協働構築の阻害要因を抑制し協働を構築する方法

教員と学校図書館組織構成員間の協働構築の阻害要因を抑制し協働を構築する方法をそれぞれの観点ごとに明らかにする。

学校組織の職務体制における司書教諭の処遇の在り方は，業務量の多さ，業務に関わる時間のなさ，司書教諭資格が給与に反映されないことがあり，司書教諭のモチベーションが上がらず，教員支援に消極的になり，司書教諭の教員支援は教員に認識されにくかった。そのため，司書教諭は，教員の協働の相手とみなされてこなかった。このような阻害要因を抑制し協働を構築する方法は，学校図書館活用を推進する中心的な役割を持つ司書教諭にふさわしい位置づけや処遇を学校組織内において与えること，つまり，司書教諭を主幹教諭・教務主任や学校図書館館長とすることが有効である[61]。

司書教諭をふさわしい処遇に位置づけることで，教員の司書教諭に対する認知が進み，教員から司書教諭への支援要望が高まり，教員の学校図書館活用が推進される。この過程において，教員と司書教諭の協働は構築される。両者の協働構築が推進されることで，司書教諭の自律性が生まれ，学校図書館組織を学校組織内において自立した組織へと導くことになる[62]。

その上で，司書教諭は校内研究会議やカリキュラム・マネジメント会議でリーダーシップを発揮し，学校教育における学校図書館活用を提案し，校内研究やカリキュラム・マネジメントと学校図書館活用をつなげることも大切である[63]。

学校組織の職務分担における学校図書館組織の位置づけは，校務分掌に独立して位置づけられないことが多かった。そのため，学校図書館組織及び組織構成員が教員の意識に上がりにくく，協働の相手とならなかった。この阻害要因を抑制し協働を構築する方法は，校務分掌上に学校図書館経営委員会を独立して位置づけることである。こうすることで，学校図書館組織は実働できる組織となる[64]。なお，学校図書館経営委員会には，学校経営との連携が密になるよ

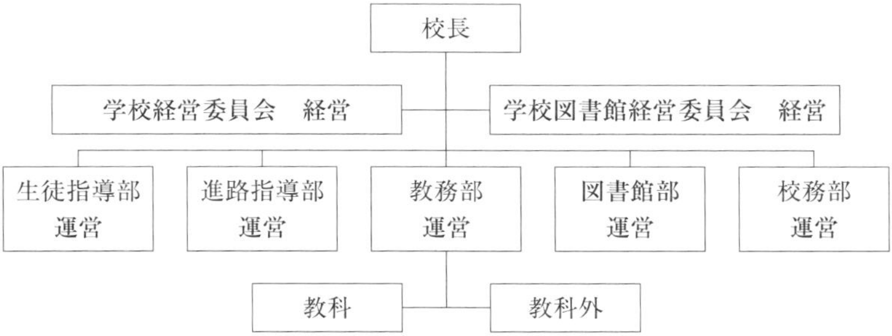

図Ⅲ－1　望まれる校務分掌組織図

うな適任者（管理職，教務主任等）を選ぶことが重要である（図Ⅲ－1）。

また，全教員がそれぞれの立場において，学校図書館の運営に参加できる組織体制が確立されることも重要である。さらに，学校図書館組織を，教職員や児童生徒の要望や意見が反映する開かれた体制とすることも大切である[65]。これらのことを実践する過程で，教職員や児童生徒にも司書教諭が認識されていくだろう。

学校組織の教員文化における司書教諭制度は，教員以外の専門職を認めない，変化を求めない傾向があり司書教諭制度が教員に容認されにくかったため，司書教諭が根づきにくい事情があった。そのため，司書教諭は教員に認識されにくく，協働の相手と見なされてこなかった。このような阻害要因を抑制し協働を構築する方法としては，職員会議や研修などで司書教諭の有用性を教員が認識することや両者間のフォーマル及びインフォーマルなコミュニケーションの推進による同僚性の回復が有効である。

学校図書館組織の職務体制は，概ね「兼任・充て職」の司書教諭と「非常勤・非正規」の学校司書であるため，学校図書館における両者の不在となることが多い。そのため，学校図書館組織構成員は自ずと教員に認識されにくい状況であり，協働の相手として意識に上りづらい状況であった。このような阻害要因を抑制し協働を構築する方法は，「専任・全校発令」の司書教諭と「常勤・正規」の学校司書の職務体制の整備が必要だが，この実現は法的・予算的に難しい。そのため，両者の相互理解を促すために両者合同の継続的な研修が求められる。

学校図書館組織の職務分担は，資格制度が司書教諭にはあり，学校司書にはない状況や学校図書館法で明確にされていないこともあり，曖昧であり，両者は，教員に認識されにくい状況であるため，教員の協働の相手とならなかった。このような阻害要因を抑制し協働を構築するには，両者の専門性を明らかにすることが求められる。そのためには，資格制度のない学校司書の資格制度の確立が求められるが，学校図書館法の改正と資格制度の創設が必要であるため，実現は難しい。このような現状では，両者合同の継続的な研修を実施することで互いの専門性の理解を深めることが有効である。

学校図書館組織の自立及び組織構成員の自律は共に欠けており，学校図書館組織及び組織構成員は，教員に認識されることが難しく協働の相手とならなかった。このような阻害要因を抑制し協働を構築する方法は，教員の学校図書館活用の実践を積み上げることである。教員が学校図書館活用を実践する時に，司書教諭は教員を支援し，学校図書館組織及び組織構成員の意義や重要性を伝達するようにしたい。その時に，司書教諭は，学校及び学校図書館両組織においてリーダーシップを発揮することが求められる。以上のような教員の学校図書館活用の実践を通じて，学校図書館組織はその機能を発揮し，学校図書館組織は活性化される[66]。このようにして，学校図書館組織は受動的な組織から主体的，自立的な組織へ変革され，学校図書館組織構成員は自律的な組織構成員へ変化する[67]。

教員と学校図書館組織構成員間の協働パターンは，司書教諭の立ち位置により変化し，複雑である。中でも，専門性協働の場合は，互いの専門性を理解し，認識する必要があるが，職務体制の不備や職務分担の曖昧さがありその専門性を互いに認識し合うことは難しい。このような阻害要因を抑制し協働を構築する方法は，両者が互いに理解し合うこと，つまり，コミュニケーションの推進が鍵であり，それが可能となる職務体制の整備や研修の導入が求められる。

3.2　学校図書館活用における協働構築の阻害要因と協働構築方法

学校図書館活用における学校組織内，学校図書館組織内，教員と学校図書館組織構成員間の協働構築（3つの協働構築）の阻害要因を，職務体制，職務分担，組織文化，組織の自立，組織構成員の自律，協働のパターンの協働の観点ごとに検討し，阻害要因を抑制し協働を構築する方法を文献調査で明らかにした。

明らかにされた協働構築方法は，学校と学校図書館両組織内及び教員と学校図書館組織構成員間におけるフォーマル，インフォーマルなコミュニケーションの活性化による専門性の相互理解の推進と同僚性の回復，司書教諭学校司書の職務体制の整備，司書教諭と学校司書の職務分担の明確化，司書教諭を主幹教諭や学校図書館長に位置づける処遇の改善，司書教諭の学校及び学校図書館両組織内におけるリーダーシップの発揮，学校図書館経営組織に適任者を配置し学校組織に位置づけること，学校組織を水平的で柔軟に結合したネットワーク組織とすること，全教員の間接・直接の学校図書館運営により学校図書館活用の理解を深めること，教員・司書教諭・学校司書合同の継続的な研修の実施，実質的な評価（学校・学校図書館）の実施が有効である。

明らかにされたこれらの協働構築方法は，組織構成員の個人の力量や取り組みでは限界があり，組織的な取り組みが必要である。

Ⅳ章では，組織的な取り組みで協働を構築する方法を提案するために，学校組織に合致した協働構築のための組織論を選択し，その組織論を枠組みに本章で明らかにした協働を構築する方法を，協働の観点ごとに具体的に提示する。

注・引用文献

1：塩次喜代明，高橋伸夫ほか．経営管理　新版．有斐閣アルマ，2009，p. 177-181.

2：桑田耕太郎，田尾雅夫．組織論　補訂版．有斐閣アルマ，2010，p. 373.

3：本論文では，組織に関しては「自立」，ヒトに関しては「自律」とする。

4：佐古秀一，葛上秀文，柴山明義．「学級崩壊」に対する小学校の組織的対応に関する事例研究：学校組織における個業性維持の実態とその要因に関する考察．鳴門教育大学研究紀要．2005，vol. 20，p. 37-49.
5：小島邦宏，天笠茂編．学校の組織文化を変える：教師の意識変革と組織の再設計．ぎょうせい，2001，p. 38.
6：佐古秀一．学校組織の個業化が教育活動に及ぼす影響とその変革方略に関する実証的研究：個業化，協働化，統制化の比較を通して．鳴門教育大学研究紀要．2006，vol. 21，p. 41-54.
7：中央教育審議会．“4. 学校組織運営体制の在り方”．新しい時代の教育に向けた持続可能な学校指導・運営体制の構築のための学校における働き方改革に関する総合な方策について：中間まとめ．2017，p. 31．https://www.mext.go.jp/b_menu/shingi/chukyo/chukyo0/tosin/_icsFiles/afieldfile/2018/01/26/1400723_01.pdf，（参照2021-06-17）.
8：田尾雅夫編著．よくわかる組織論．ミネルヴァ書房，2010，p. 4.，（やわらかアカデミズム〈わかる〉シリーズ）.
9：臼井智美．“主幹教論，指導教論”．最新教育キーワード　第13版．江川玟成，高橋勝ほか編．時事通信社，2009，p. 80-81.
10：佐古秀一．民間経営理念及び手法の導入・浸透と教育経営：教育経営研究の課題構築に向けて．日本図書センター，2010，p. 310-321.，（リーディングス日本の教育と社会：第11巻学校改革）.
11：北澤毅．〈教育〉を社会学する．学文社，2011，p. 47-49.
12：前掲２，p. 349-359.
13：前掲11，p. 49.
14：久我直人．教育再生のシナリオの理論と実践：確かな学力を育み，いじめ・不登校等を低減する「効果のある指導」の組織的展開とその効果．現代図書，2015，p. 20-23.
15：田尾雅夫．公共経営論．木鐸社，2010，432p.
16：伊丹敬之，加護野忠男．ゼミナール経営学入門．日本経済新聞出版社，2007，p. 349-370.
17：前掲11，p. 44.
18：前掲16.
19：木岡一明．学校組織設計と協働体制づくり．教育開発研究所，2003，p. 11.
20：小川正人，勝野正章．新訂　教育経営論．放送大学教育振興会，2009，p. 143-154.
21：小野賢太郎，小柳和喜雄ほか．教師を目指す人のための教育方法・技術論．学芸図書．2012，p. 177.
22：アンディ・ハーグリーブス．知識社会の学校と教師：不安定な時代における教育．木村優，篠原岳司ほか監訳．金子書房，2015，p. 11.
23：佐藤学．学校改革の哲学．東京大学出版会，2012，p. 119-139.
24：日本の初等中等教育におけるGDPに対する教育支出総額比は2.9％であり，OECD平均3.9％に比較して少ない。OECD．日本－カントリー・ノート：図表で見る教育2014年版：OECDインディケータ．p. 8．http://www.oecd.org/education/Japan-

EAG2014-Country-Note-japanese.pdf，（参照2018-12-26）.
25：科学的リテラシー　1位／35ヶ国，数学的リテラシー　1位／35ヶ国，読解力　6位／35ヶ国。国立教育政策研究所．OECD生徒の学習到達度調査：2015年調査国際結果の要約．2016，p. 20-21．https://www.nier.go.jp/kokusai/pisa/pdf/2015/03_result.pdf，（参照2018-12-26）.
26：前掲11，p. 47-48.
27：教師養成研究会編著．教育原理　10訂版．学芸図書，2009，p. 110-112.
28：前掲９，p. 205.
29：山下晃一．教育制度改革の争点と展望：教員評価問題を中心に．東信堂，2013，p. 71-73.，（現代教育制度改革への提言下巻）.
30：水本徳明．学習観の転換と経営管理主義の行方：公教育経営における権力様式に関する言語行為論的検討．教育学研究．2017，vol. 84，no. 4，p. 398-409.
31：小・中学校における不登校の割合は1.4％，小・中・高等学校における暴力行為の発生件数は59,457件。文部科学省．平成28年度「児童生徒の問題行動・不登校等の生徒指導上の諸課題に関する調査」（速報値）の概要．2017，p. 2．https://www.mext.go.jp/b_menu/shingi/chukyo/chukyo3/siryo/__icsFiles/afieldfile/2017/12/22/1399789_7.pdf，（参照2020-02-07）.
32：日本語指導が必要な外国籍の児童生徒（平成28年度）：34,335人（平成26年度29,198人）。文部科学省．日本語指導が必要な児童生徒の受入状況等に関する調査（平成28年度）の結果について．2016，p. 1．https://www.mext.go.jp/b_menu/houdou/29/06/_icsFiles/afieldfile/2017/06/21/1386753.pdf，（参照2020-02-07）.
33：平成27年度の子どもの貧困率は13.9％。厚生労働省．国民生活基礎調査の概況．平成28年版．2017，p. 15．https://www.mhlw.go.jp/toukei/saikin/hw/k-tyosa/k-tyosa16/dl/16.pdf，（参照2020-02-07）.
34：初等中等教育学校の教職員総数に占める教員の割合は，日本82％，アメリカ56％，イギリス51％であり，諸外国と比べても高い割合を示している。中央教育審議会．チームとしての学校の在り方と今後の改善方策について．2015，p. 10．https://www.mext.go.jp/b_menu/shingi/chukyo/chukyo0/toushin/iscFiles/afieldfile/2016/02/05/1365657_00.pdf，（参照2020-02-07）.
35：浜田博文．小・中学校における学校教職員の多様化の進展と協働の実態に関する基礎的研究．平成19年度財団法人文教協会研究助成報告書．2008，p. 9.
36：前掲６.
37：前掲８，p. 148-149.
38：前掲５，p. 180-181.
39：木岡一明．「多職種によって構成される学校」のマネジメント：その設定の含意と可能性．学校経営研究．2016，vol. 41，p. 10-17.
40：谷川至孝，鈴木麻里子ほか．「チーム学校」の研究動向と今後の研究への提言：英国からの示唆．教育行財政研究．2017，vol. 44，p. 71-81.
41：司書教諭発令率（12学級以上：小学校99.3％，中学校98.3％，高等学校96.1％）（11学級以下：小学校28.7％，中学校33.5％，高等学校35.7％）。司書教諭発令率（11学級以

下の学校）の全国平均30.6％，都道府県別にみると0～100％。学校司書配置率の全国平均は56.0％，都道府県別にみると2.2～100％。文部科学省.「学校図書館現状に関する調査」結果について　平成28年度. 2016, p. 2, 5, 8. https://www.mext.go.jp/a_menu/shotou/dokusho/link/20220112-mxt_chisui02_1.pdf,（参照2022-01-19).

42：司書教諭時間確保状況（12学級以上：小学校9.6％，中学校10.8％，高等学校8.0％）（11学級以下：小学校11.7％，中学校9.6％，高等学校8.0％）。文部科学省.「学校図書館現状に関する調査」結果について　平成28年度. 2016, p. 3. https://www.mext.go.jp/a_menu/shotou/dokusho/link/20220112-mxt_chisui02_1.pdf,（参照2022-01-19).

43：荊木まき子・淵上克義. 学校組織内の児童・生徒支援体制における協働に関する研究動向. 岡山大学大学院教育学研究科研究集録. 2012, vol. 151, p. 37.

44：大澤克美. “第4章　チームアプローチの可能性を切り拓く教育の意識転換”. 松田恵示ほか編. 教育支援とチームアプローチ：社会と協働する学校と子ども支援. クラルテ, 2016, p. 51.

45：丸山和昭. 多職種協働の社会学から見たチーム学校政策. 学校事務. 2017, vol.68, no.5, p. 50.

46：学校司書配置状況（小59.2％，中58.2％，高66.6％）。学校司書配置率の全国平均は66.9％，都道府県別にみると2.2～100％。文部科学省.「学校図書館現状に関する調査」結果について　平成28年度. 2016, p. 4-9. http://www.mext.go.jp/a_menu/shotou/dokusho/link/_icsFiles/afieldfile/2016/10/13/1378073_01.pdf,（参照2018-12-26).

47：前掲８, p. 143.

48：北克一. 学校経営と学校図書館その展望　改訂版. 青弓社, 2009, p. 20-21.

49：小泉公乃. 図書館における経営戦略と組織理論. 慶應義塾大学大学院文学研究科博士論文. 2012, p. 1-54.

50：福永義臣編著. 学校経営と学校図書館. 樹村房, 1999, p. 53.,（学校図書館実践テキストシリーズ３).

51：熱海則夫, 長倉美恵子編著. 子どもが生きる学校図書館. ぎょうせい, 1999, p. 64.

52：古賀節子編集. 学校経営と学校図書館. 樹村房, 2002, p. 124.,（司書教諭テキストシリーズ１).

53：山本順一編著. 学校経営と学校図書館. 学文社, 2002, p. 89.

54：渡辺重夫. 司書教諭のための学校経営と学校図書館. 学文社, 2003, p. 88.

55：平久江裕司. “新しい教育環境と学校図書館メディアセンター経営”. 日本図書館情報学会研究委員会編. 学校図書館メディアセンター論の構築に向けて：学校図書館の理論と実践. 勉誠出版, 2005, p. 3-18.

56：吉澤小百合, 平久江祐司. 小中学校司書教諭・学校司書の学習支援に関する職務への教員の要望：質問紙調査の分析から. 日本図書館情報学会誌. 2017, vol. 63, no. 3, p. 141-158.

57：坂田仰・河内祥子ほか編著. 学校図書館の光と影：司書教諭を目指すあなたへ. 八千代出版, 2007, p. i-ii.

58：矢内昭. 学校図書館の協力体制論は不毛か. 学校図書館. 1974, vol. 288, p. 31-33.

59：司書教諭発令率（11学級以下の学校）の全国平均36.2％，都道府県別にみると0～100％学校司書配置率の全国平均は66.9％，都道府県別にみると2.2～100％。司書教諭発令率（12学級以上：小学校99.3％，中学校98.3％，高等学校96.1％）（11学級以下：小学校28.7％，中学校33.5％，高等学校35.7％）。学校司書配置状況（小59.2％，中58.2％，高66.6％）。司書教諭時間確保状況（12学級以上：小学校10.0％，中学校12.8％，高等学校16.4％）（11学級以下：小学校11.8％，中学校14.5％，高等学校13.1％）。文部科学省．「学校図書館現状に関する調査」結果について　平成28年度．2016，p. 4-9．http://www.mext.go.jp/a_menu/shotou/dokusho/link/_icsFiles/afieldfile/2016/10/13/1378073_01.pdf，（参照2018-12-26）．

60：前掲56，p. 141-158．

61：前掲58，p. 31-33．

62：前掲52，p. 67．

63：前掲57，242p．

64：尾原淳夫．学校図書館の経営．岩崎書店，1970，p. 35-39.，（講座現代学校図書館１）．

65：今後の学校図書館の整備の在り方に関するワーキンググループ．新しい時代に対応した学校図書館の施設・環境づくり：知と心のメディアセンターとして．学校施設整備指針策定に関する調査研究協力者会議，2001，p. 10-11．

66：三隅二不二．リーダーシップ行動の科学　改訂版．有斐閣，1984，p. 61．

67：高橋伸夫．組織の中の決定理論．朝倉書店，1993，p. 109-112．

参考文献

小島弘道編．時代の転換と学校経営改革：学校のガバナンスとマネジメント．学文社，2007，314p．

文部省．学校図書館運営の手びき．明治図書，1959，497p．

Ⅳ章

学校図書館活用を組織論で考える：教員・司書教諭・学校司書の協働構築

Ⅲ章では，学校組織内，学校図書館組織内，教員と学校図書館組織構成員間の協働構築（3つの協働構築）における阻害要因を，職務体制，職務分担，組織文化，組織の自立，組織構成員の自律，協働のパターンの協働の観点ごとに検討し，阻害要因を抑制し協働を構築する方法を文献調査で明らかにした（研究3）。その結果，明らかにされた協働構築方法は，組織構成員の個人の力量や個人の取り組みでは限界があり，組織的な取り組みが求められることが示唆された。本章では，組織的な取り組みで協働を構築する具体的な方法を提案する。まず，学校組織に合致した協働構築のための組織論を選択するために文献調査を実施した（研究4）。次に，選択された組織論を枠組みにⅢ章で明らかにされた協働構築方法を協働の観点ごとに具体化し提示した。

4.1　学校組織に合致した協働構築のための組織論（研究4）

学校組織に合致した協働構築のための組織論を選択するに当たり，文献調査を実施した。まず，経営論を起点に組織論，組織行動論，組織学習論，学習する組織論の関係文献を個別に収集した。次に，学校組織の特徴と学校組織で活用されてきた組織論の関係文献を個別に収集し，その課題を抽出した。最後に，学校組織で活用されてきた組織論の課題を解決し，かつ，学校組織の特徴に合致した協働構築のための組織論を選択した。

4.1.1　経営論，組織論，組織行動論，組織学習論，学習する組織論

（1）経営論から組織論

組織論は，経営論から派生したものであるため，経営論を理解する必要があ

る。経営論は，多くの理論を発展させてきており，非常に複雑な系統があるが，その中でも，組織論（organization theory）への発展について簡単に説明する。経営論は，管理の本質を「主体的に行動する人間」に置いた**バーナード**（Barnard, Chester I., → p. 165）の理論から始まった。その研究対象は，大規模な民間企業であり，中小企業は周辺的な対象であった[1]。

一方，経営論において組織論は，“論旨を一貫する成果指標はなく，組織によってさまざまであり，それを通底する論理は希薄で学問としての主張の強度はやや弱い。組織の存続を支えるものは何かということが論点である”と述べている[2]。また，組織論は，“組織をどのようにすれば，その要素を一つに統合し，組織を一つの方向に動かすことができるかという単なる加算ではなく，加算したものに，従来ばらばらではありえなかったものを効果的に統合させ，付加価値を持った組織にすることができるのか，そのように動き出させる条件（方法）は何か，それらの条件を診断的に検討することである”と定義している[3]。つまり，組織論とは，大企業だけでなくさまざまな組織（中小企業，公共，教育等）を対象に，組織の要素を効果的に統合させ，付加価値をもった組織にする条件を診断的に検討するものである。

次に，組織論の系統を概観する。組織論は，組織のマネジメントとヒトのマネジメントに個々に発展している。組織のマネジメントは，組織間関係論であり，組織行動論，組織学習論，学習する組織論へと発展していった。一方，ヒトのマネジメントは人的資源管理論であり，ヒトを組織における個として統合的に把握することである[4]（図Ⅳ-1）。本研究は，学校組織と学校図書館両組織

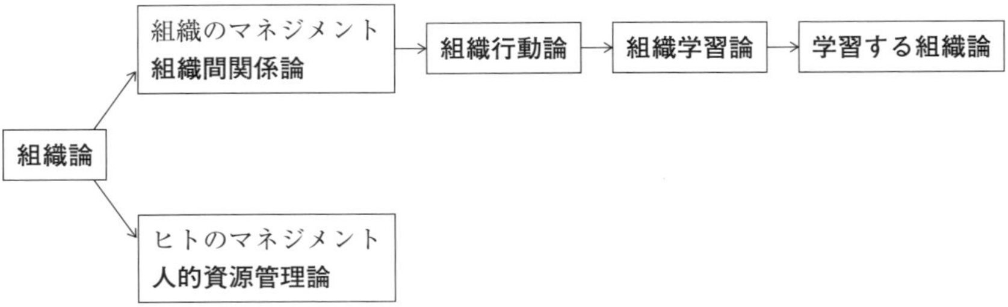

図Ⅳ-1　組織論の系統図

出典：塩次喜代明，高橋伸夫ほか．経営管理．新版．有斐閣アルマ，2009，p. 45-60．を参考に筆者作成。

間の協働に視点を置くため，組織間関係論の系統を概観する。

（2）組織行動論から組織学習論

組織行動論から学習する組織論への流れを説明する。

「組織行動論（organization behavior）」は，“組織と人との関わりを捉えた学問領域であり，人間行動が研究の主な領域であり，心理学的知識が用いられている”とある[5]。さらに，“人の行動に注目し，具体的には，組織の中でいかに行動すべきか，行動はどのような結果をもたらすのかについて，組織と個人との関わり方や組織における個人の行動について解明するものである”[6]と述べている。「組織行動論」は，「組織学習論（organization learning）」へ発展した。

「組織学習論」は，組織はどのように学習するか（組織が学習する立場）の理論的探求が中心である。「組織学習」が行われる時，学習成果が組織文化として組織に定着・浸透し，そこに新たに加わってくる個人にも変容をもたらす。すなわち，「組織学習」の成果は他のメンバーにも伝承されていくため，継続性，持続性を持つ[7]。一方，組織内の「個人学習」は，当該個人で終結し他者に継承されることはないため，その成果は本人が組織からいなくなった時点で途絶え，継続性，持続性を持たない[8]。

「組織学習」は，教育学と組織行動論の観点から組織と個人の関わり方を研究した**アージリス**（Argyris, Chris, → p. 165）により提唱された[9]。アージリスは，“組織学習とは，誤り（学習を妨げる情報や知ったかぶり）を見つけ修正するためのプロセスである”とし，そのプロセスをシングル・ループ学習（single loop learning）とダブル・ループ学習（double loop learning）の２つのパターンで捉えている。

シングル・ループ学習は，既存の方針を維持・継続し目標を達成するプロセスであり，自己完結的なクローズド・システム（閉鎖系）である。課題が発生した時，自分自身の思考の前提を変えずに，自分の知っていることに基づいて物事を見ようとすることである。つまり，課題解決において，既存の方針は変えず，目的達成へ向けて軌道修正を行うだけなので悪循環が起きてしまう学習である[10]。

一方，ダブル・ループ学習は，既存の方針について本当に望ましいかを自ら問い，組織の基本方針，目標等を見直すプロセスであり，他者に学ぶオープン・システム（開放系）である[11]。課題解決において，既存の方針そのものを疑い，それらも含めて軌道修正を行い，自分の思考と合致しないことがある時，自分の思考そのものが違うのではと仮定することである。つまり，自分の思考を広げ，変化させるため好循環が起きる。すなわち，ダブル・ループ学習は，自らの枠組みや価値を問い，自分たちがどのように物事を認識しているか反省してよく考えることである。このダブル・ループ学習は次に記す「学習する組織論」に引き継がれている。

（3）組織学習論から学習する組織論

「組織学習論」は，**ピーター・センゲ**（Senge, Peter M.）が提唱する「学習する組織論」へと発展した。センゲは「学習する組織」を，“人々がたゆみなく能力を伸ばし，心から望む結果を実現し得る組織，革新的で発展的な思考パターンが育まれる組織，共通の目標に向かい自由にはばたく組織，協働して学ぶ方法を絶えず学び続ける組織，自分たちが本当に望んでいるものに一歩一歩近づいていく能力を自分たちの力で高めていける集団である”と定義している[12,13]。また，「学習する組織」になるためには，アージリスの提唱する「ダブル・ループ学習（4.1.1(2)）」が必要であることにも言及している[14]。

さらに，“組織は「個人学習」を通してのみ学ぶ。しかし，学習する個人がいるからといって，必ず組織も学習することは保証できないが，学習する個人がいなければ，学習する組織などあり得ない”と述べ，「個人学習」が「組織学習」の基盤であることを示している[15]。つまり，「学習する組織論」は，「組織学習論」とは違い「個人学習」がなければ「学習する組織」はあり得ないという観点で「組織学習」を捉え，組織における個人はどのように学習するべきなのか，という実践的な立場から具体的な方法を考えることが特徴である。さらに，「学習する組織」は，物事の相互関係（協働）に目を向け，変更したり新しい関係を生み出したりできる組織であるとしている[16]。

以上のように，「学習する組織論」は，組織における「個人学習」を実践的な立場から具体的な方法を考える理論であり，物事の相互関係（協働）に目を向けた理論である。本研究では，以上の点を鑑み，センゲの「学習する組織論」を学校図書館活用における協働構築の理論として選択した。

なお，センゲの「学習する組織論」選択の詳細な理由は，後述している(4.2)。

4.1.2　センゲの「学習する組織論」

(1) 経営学における位置づけ

『経営学史事典 第2版』によるとセンゲ（1947～　）は，“組織学習とシステム思考を提唱するアメリカの研究者。1990年，*The Fifth Discipline : The Art and Practice of the Learning Organization*（邦訳『最強組織の法則』）を発表し「学習する組織」の概念を一般に広めた。これは，組織内のあらゆる階層の人に学習を奨励し，彼らが有するスキル・知識などを組織の資産とみなす考え方であり，今日，経営の現場において広く受け入れられている”と記されている[17]。また，*Harvard Business Review* では，過去75年間における独創的な経営書の一つとしてセンゲの *The Fifth Discipline : The Art and Practice of the Learning Organization* を認定している。さらに，*Journal of Business Strategy* では，センゲを20世紀のビジネス戦略に最も大きな影響を与えた24人の一人と述べている[18]。つまり，センゲの「学習する組織論」は，経営の現場と経営学において広く受け入れられ，現場で実践されている理論である。

(2) 理念

センゲの「学習する組織論」は，統計学者であり品質管理革命のパイオニアである**デミング**（Deming, William E., → p. 165）が提唱した「マネジメントの変革」「マネジメントのための14の原則の実践[19]」を超えるものとして提案したものである。デミングは，「マネジメントの変革」に到達するには，組織外部の視点であり相互に関連する以下の４つの視点（組織のシステムに対する認識，組織の変動に関する知識，組織の知識の理論，組織の心理学：深遠なる知識）が必要であると述べている。センゲは，このデミングの組織外部の４つの視点による弊害として，評価によるマネジメント，追従を基盤にした文化，結果の管理，「正しい答え」対「誤った答え」，画一性，予測とコントロールが可能，過剰な競争と不振，全体性の喪失の８つを導き出した。以上の８つの弊害がほとんどの組織を悩まし，信念と行動を変えるには多くの時間がかかると論じている[20]。

以上の８つの弊害を認識した上で，組織を変革するには，組織内部の視点が求められ，組織内部には，以下の７つの学習障害の根があると述べている。第一に，自分の職務だけにしか目が向かず職務イコール自分の職務であること，第二に，組織の課題の原因は外部にあると思うこと，第三に，組織は「外部の敵」に積極的に反応しているに過ぎないこと，第四に，個々のできごとに捉われ長期的変化のパターンから目をそらしてしまっていること，第五に，組織にとり重大な課題は不意なできごとであること，第六に，人は試行錯誤や経験から短期間に直接的に学ぶことができると信じていること，第七に，共同の決定は妥協の産物か一人の考えを皆に押し付けたものになっていることを挙げている[21]。

組織が学習していくには，以上の組織内部の７つの学習障害を乗り越えていく必要があると言及している。その方法は，第一に，他の人の職務に目を向けること，第二に，問題の原因は内部にあると考えること，第三に，内部の原因に積極的に対応すること，第四に，長期的視点を持つこと，第五に，組織の課題は徐々に進行するのでそのプロセスに注目すること，第六に，試行錯誤や経験から学べないことがあること，第七に，妥協せず皆の意見で共同の決定をすることである。つまり，「学習する組織」は，自分たちで生み出した組織内部の７つの学習障害を乗り越え，自らの未来を創造する能力を絶えず高めていく学習が実践されている組織である[22]。

このような学習を実践する「学習する組織」は，自分たちが本当に望んでいる結果を育む能力を絶えず高めていく組織，革新的で発展的な思考パターンが生まれる組織，共通の志が自由に羽ばたく組織，共に学び続ける組織である[23]。

（3）学習の概念

学校における「学習」の一般的な概念は，教室に座り，一斉に教員の言葉に耳を傾け覚えるという知識伝達型学習であり，「学習」は知識を正確に記憶する，つまり，知識の蓄積のことであった。

一方，佐伯胖らによる「学習」の概念は，“より広い世界へ向けて，より根源的なところに立ち返りつつ，文化における意味，世界の吟味，享受，再構築の共同的実践に参加していくことであり，「学習」を通じて自分自身を再構築し，「学習」を通じて以前にはできなかったことができるようになり，「学習」を通じて自己の認識を新たにし，自己と世界の関係を捉えなおすことである”と新しい概念を示している[24]。

センゲの「学習」の概念は，「何をするか」「どのようにするか」についての学習ではなく，「自分たちは何者なのか」についての学習であり，「学習」を通して世界を知り，自己と世界の関係を再認識し，自分自身を再構築することであるとし[25]，佐伯らの「学習」の概念と同様のことを述べている。つまり，センゲの重視する「学習」は，環境の変化に対応して生き残るためだけに行う「適応的学習」ではなく，根源から自らの未来を創造する能力を高める「生成的学習」を指している[26]。

組織を「学習する組織」へと変革するには，組織構成員一人ひとりがいかなる「学習」をしているかを確認する必要がある。つまり，組織構成員一人ひとりは，自身の中にある「学習」をいかに変えていくかを自身で考え，自ら変えていくことが大切である。すなわち，組織構成員以外から与えられる指示や命令の管理手法では，組織を「学習する組織」へ変えることはできない。

このように，センゲの「学習する組織論」では，組織内部の視点である組織構成員一人ひとりの中にある「個人学習」に着目し，一人ひとりの中にある「個人学習」を通し，組織構成員が共に学ぶことによる協働構築を目指している。センゲは，一人ひとりの中にこの種の学習「自分たちは何者なのか」に対する深い渇望があり，これが「個人学習」「学習する組織」の基本的な意味であると述べている[27]。

（4）学習の３要素

センゲは，組織が「学習する組織」になるには，アージリスの提唱している「ダブル・ループ学習」を築くことを求めており（4.1.1(2)），そのためには以下の「組織における学習の３要素」が必須であると論じている[28]。

第一の要素は，基本理念の確立であり，注意深く選ばれた言葉で表現された理念である。具体的には，学校の未来の方向性である学校の教育目標や基本理念をはっきり言葉にすることである。第二の要素は，インフラのイノベーションであり，長年にわたって確立された組織的慣行である組織文化の革新である。具体的には，教員研修の改善や教員の裁量性を広げることである。第三の要素は，理論・ツール・手法であり，具体的には，組織における育成すべき中核的な「学習能力」である３つのコア・コンピタンス（core competence）と，その「学習能力」を育成する「学習方法」の５つのディシプリン（discipline）である。

本研究では，協働構築のための理論と方法について具体的に提示することを目的としているため，組織における学習の第三の要素である理論・ツール・手法（３つのコア・コンピタンスと５つのディシプリン）を活用して論をすすめる。以下に３つのコア・コンピタンスと５つのディシプリンについて詳細に説明する。

（5）３つのコア・コンピタンスと５つのディシプリン

①３つのコア・コンピタンス

３つのコア・コンピタンス（学習能力）とは，「志を育成する能力」「省察的に対話する能力」「複雑性を理解する能力」である。

第一の「志を育成する能力」は，個人と組織の願望を明確に表現し，進む方向を定める能力であり，個人と組織が学習し，意識や能力を広げ，効果的に行動するための基盤となる能力である。第二の「省察的に対話する能力」は，内省的な思考と生成的な会話の実践に関する能力であり，組織内で志を育成し，互いを理解するために，他の人たちと話し合い，相互に理解を深める能力である。第三の「複雑性を理解する能力」は，世界における複雑性を認知し，それを管理するための幅広い知識とそれを実践する能力であり，目的に向かうときに，今どこにいてどのように進めばよいのか知るために必要な能力であり，すべての学習の土台となる能力である[29,30]。

この３つのコア・コンピタンスは，組み合わせて総合的に使う必要があり，その結果，高い効果が得られる[31]。つまり，３つのコア・コンピタンスのうち，２つのコア・コンピタンスが備わっていても，他の１つのコア・コンピタンスがないという場合，高い効果を得ることはできない[32]。このように，３つのコア・コンピタンスは３つ揃うことで，相互に足りないところを補い合い効果を上げる関係，つまり，相互補完的な関係である。以上のような，３つのコア・コンピタンスを育成する学習方法は以下の５つのディシプリン[33]を実践することである。

②５つのディシプリン

５つのディシプリン（学習方法）とは，①自己マスタリー（personal mastery），②共有ビジョン（shared vision），③メンタル・モデル（mental models），④チーム学習（team learning），⑤システム思考（systems thinking）であり，自分自身の考え方や学習の深め方を具体的に示している[34]。これらを総合的に使うことで，３つのコア・コンピタンスが自然に引き出される[35]。また，５つのディシプリンは，単なるスキルではなく，一生かけて獲得する生き方・在り方を表している[36]。さらに，センゲは５つのディシプリンについて，以下のように述べている。

５つのディシプリンの内，「思考様式」を検証し変化させるディシプリンは，①自己マスタリー，②共有ビジョン，⑤システム思考であり，「行動様式」を検証し変化させるディシプリンは，③メンタル・モデル，④チーム学習である[37]。組織内の一人ひとりが自分自身の「思考様式」や「行動様式」を意識し，異なったやり方で考え，人とやり取りする能力を身に着け始めると（個人の学習），その時点で組織をより良い方向へ転じる。この変化が周囲に波及していくと組織の能力や自信が高まっていく（組織の学習）[38]。

つまり，学校組織を改善したいのであれば，そこに関わる一人ひとりの「思考様式」と「行動様式」を検証し，変化させることである。「思考様式」を検証し変化させるとは，当然と思っていることや自分の人生についてよく考え自分自身の視点を内に向けることと同時に，自分自身の視点を外に向け，異なる意見に耳を傾け共有のビジョンを明らかにすることである。すなわち，「思考様式」の方向付けのポイントを常に自分自身の内と外に動かし続けることが重要である。

一方，「行動様式」を検証し変化させるとは，単に組織の構造や経営計画を再編するだけでなく，人々の間に存在する関係性のパターンや知識体系など，さまざまな側面を再編することである[39]。「思考様式」と「行動様式」のいずれかの一方を検証し変化させるだけでは変革は実現できない。つまり，「思考様式」と「行動様式」は相互に変化させ合うことで変革を実現するという，相互補完的な関係である。

また，５つのディシプリンは，個人と組織のディシプリンがあり，個人のディシプリンは，①自己マスタリーと③メンタル・モデルであり，組織のディシプリンは，②共有ビジョンと④チーム学習であり，⑤システム思考は，個人・組織双方のディシプリンである。個人が学習することは，これら５つのディシプリンを常に実践し続けることであり，学習は良くなったり悪くなったり変化し，学習をすればするほど自分の無知に気づき，さらに学習することになる。以下に，５つのディシプリンについてそれぞれ具体的に説明する。

自己マスタリー　自己マスタリーとは，個人の志を育成する領域であり，個人の思考様式である。自己の現実を実際的に評価しながら，自分が人生の中で最も生み出したいと考える成果について一貫性のあるイメージを開発することである[40]。自己マスタリーを構築するには以下の３つの要素がある。

第一に，自分の個人的な将来展望や見通しである「個人のビジョン」を明確にすること，つまり，自分が本当に生み出したいビジョンを掲げることである。第二に，「今の現実」に焦点を当て，「個人のビジョン」とのギャップを見出すこと，つまり，現実についての明確なイメージを持つことである。第三に，「個人のビジョン」達成のために意識的に取り組むことである。

自己マスタリーを構築することで，自らの基準をより高く保とうと努力するようになり，「個人のビジョン」をさらに大きく広げ，深く見直し，自分の持つ可能性に一層挑むようになる[41]。この３つの要素をスパイラルに続けることで学びの探究は深まる[42]。このことは，自分自身にとり，大切なことを明確にし，自分の最高の志「人生の志」を生きることであり，生涯学習者となることである[43]。つまり，自己マスタリーの構築とは，自己実現と自己研鑽のことである[44]。自己マスタリーは，「学習する組織」における思考の基盤である。

共有ビジョン　共有ビジョンとは，組織の志を育成する領域であり，組織の思考様式であり，組織が共有する目標を生み出すことである。自己マスタリーを基に，組織が心から望む将来像を構築することである[45]。共有ビジョンの構築では，自己マスタリーに含まれる第一と第二の要素「個人のビジョン」と，「今の現実」を明確にすることを活用する。自己マスタリーを達成するために組織構成員が協働で共有ビジョンを構築することで効果的なものになる[46]。ここでは，ビジョンが何であるかよりもビジョンが何を成すのかが大切である。

効果的な共有ビジョンの構築は，組織の持てる力を超え，想像を超えた大きな力を発揮する原動力となる[47]。共有ビジョンは，組織に浸透する共通の意識を生み出し，多様な活動に一貫性（統合性）を与え，新しい思考様式を生み出す[48]。

メンタル・モデル　メンタル・モデルとは，物事の見方や行動に大きく影響を与える意識・無意識の固定観念（暗黙の前提）のことであり，個人の行動様式である。具体的には，「自分自身がどのように世界を理解し，どのように行動するか」に影響を及ぼすような自分自身に深く染み込んだ前提，一般概念，想像やイメージである[49]。人は，自分の持っている思い込みや常識から物事を認知し，解釈し，行動を決めており，行動を決める時に使われる意識・無意識の固定観念を持っている。これは，物事の見方や行動に大きな影響を与える。

このような自分のメンタル・モデルが生み出す意識・無意識の固定観念を乗り越えなければ真実の状況を見極めることができず，同じミスを繰り返すことになる。これを管理するには，内省的な思考（自分の考え方や行動を深く省みる思考）をし，価値観の違う人とも生成的な会話（根源から創造するような会話）をすることである。つまり，省察的な対話（内省的な思考と生成的な会話）を促すことである[50]。こうした行動様式は，「ダブル・ループ学習（深い学習サイクル）」であり（4.1.1(2)），メンタル・モデルは「学習する組織」における行動の基盤である。

チーム学習　チーム学習とは，組織構成員が省察的に対話する能力であり，組織の行動様式である。組織構成員が心から望む結果を出せるようにチームの能力を整え，伸ばしていくプロセスのことである[51]。組織において，省察的な対話を通し，複雑な物事を探究することである。このプロセスは，個人で考えるよりも優れた解決方法の発見にもつながり，組織の総和を越えたチーム力を創り出す。そのためには，価値観の違う人とも省察的な対話をすることが重要である[52]。

組織における省察的な対話には，ダイアログとディスカッションの２つの基本タイプがある。ダイアログは，ディスカッションとは異なり，意見は分かれるものであり一致させるものではなく，意見の合意ではなく，複雑な問題をより深く理解することを目指す。一方，ディスカッションは，初めから新しい行動に焦点を絞っていることが多く，意見を一致させるものである。ダイアログもディスカッションも新しい行動方針を導き出すことができるが，ダイアログでは副産物として新しい行動が生まれると捉える[53]。どちらもチームが生成的学習（根源から創造する学習）を継続していくために重要であり，双方は相互補完的であり，双方の違いが理解されていない場合にはダイアログもディスカッションも現れない[54]。以上のように，チーム学習では，ダイアログとディスカッションを行き来する方法を習得していくが，ダイアログとディスカッションの違いを誤ると，生産的なダイアログもディスカッションもできなくなるため，注意が必要である。

なお，組織構成員が全ての意見に合意することはないが合致（alignment）して共に働く必要がある。合致とは，バラバラに散らばった要素を互いに目的や現実を一つのものとして機能するように配置し直すことで，お互いを理解し尊重することであり，チーム学習が目指すのは，合致を作りだすことである[55]。この状況は組織における共通のメンタル・モデルを確立することと共に生じる[56]。つまり，お互いに理解し尊重することで組織構成員の関係性の質を高め，組織における合致が作り出され，自分たちがチームであるという共通基盤（共通の観念や前提）が築かれるのである。

システム思考　システム思考とは，個人・組織の複雑性を理解する能力であり，個人・組織の思考様式である。物事そのものではなく物事の相互関係を理解するため，静態的な一瞬を切り取ったものではなく，変化のパターンを理解するための動態的な枠組みのことである[57]。

具体的には，物事を見る視点を内と外へ自由に変えることで，さまざまなレベルでの物事のつながりと全体像を見ることである。物事の全体像を見ることにより，それぞれの関係性を捉え，その改善策を見出すための有効なアプローチである。つまり，システム思考は，「新しいものの見方」であり，社会における物事の関係性や複雑さの相互関係性を理解することである[58]。例えば，課題や目標を，一つの個別のできごととして捉えるのではなく，お互いに影響し合う要素とし，その要素間の関係性を時間の経過を通し理解することである[59]。

つまり，課題や目標を，異なる時間や視点で見ることで，「お互いに結び合った状態（有機的な状態）」「お互いに影響を与え合う状態」「相互作用しあっている状態」であることを理解し，システムとして捉えることである[60]。すなわち，組織内で起きている課題の原因を個々の要素に求めるのでなく，課題となっている現象を引き起こしやすくしているシステムとしてとして捉えることである。システム思考とは，個々の思考や行動の背景にあるもの，相互関係に目を向けるものである[61]。

以上述べてきた３つのコア・コンピタンスと５つのディシプリンの関係について表Ⅳ-１にまとめた。

（6）５つのディシプリンの相互関係性

「学習」には，「個人学習」と「組織学習」の２つのレベルの「学習」があるが，基礎にあるのは「個人学習」である。「個人学習」だけでは「学習する組織」はできないが，「個人学習」なくしては「組織学習」はあり得ないとセンゲは述べている（4.1.1(3)）。以下に示す５つのディシプリンのうち，①自己マスタリー，③メンタル・モデルは，個人の学習であり，②共有ビジョン，チーム学習は，組織の学習である。⑤システム思考は，全てのディシプリンの土台であり，個人と組織双方の学習であり，自分の世界を異なる内と外の視点で全体像を確かめ物事の相互関係を新しく捉え理解できるようにすること，個々の思考や行動の背景の相互関係をみること，である[62]。これら５つのディシプリンは，相互関係性を重視し，総合的に展開されることが重要である。

「学習する組織」の核心にあるものは，自分の課題は自分の内部にあると考え，個人内部を変容させることである。この個人内部の変容が組織内に波及し，組織内部の変容が起こり，「組織の学習は個人の学習の総和にまさる」ことを実現するのである（図Ⅳ-２）。

組織が「学習する組織」へ変容すると以下の３つの特徴を持つようになる。第一に，組織文化や経営戦略の枠に縛られずそれらの変化に対応し，自己変革と組織改革を実践する機能を継続的に発見し続ける場を備えている組織となる。第二に，すべての組織構成員が相反する自律性（個業性）と協働性（統合性）を両立させる組織となる。第三に，現在の環境に適応する強さと将来の変

表Ⅳ-1　３つのコア・コンピタンスと５つのディシプリンの関係

<table>
<tr><th>３つのコア・コンピタンス</th><th>５つのディシプリン</th></tr>
<tr><th>学習能力</th><th>学習方法（学習能力の育成法）</th></tr>
<tr><td rowspan="2">１．志を育成する能力（個人・組織の能力）
※個人と組織の志を明確に表現し，進む方向を定める能力
※この能力を育むには他の２つのコンピタンスを総合的に使う</td><td>①自己マスタリー（個人のビジョン）：個人の志（目標）を育成すること「思考様式」
● 個人のビジョン達成のため，意識的に取り組むこと，自己実現と自己研鑽のこと</td></tr>
<tr><td>②共有ビジョン（組織のビジョン）：組織の志（目標）を育成すること「思考様式」
● 自己マスタリーから組織内の人の共通するビジョンを導くこと</td></tr>
<tr><td rowspan="2">２．省察的な対話をする能力（個人・組織の能力）
※省察的な対話（内省的な思考と生成的な会話）をする能力
※この能力を育むには他の2つのコンピタンスを総合的に使う</td><td>③メンタル・モデル（個人のメンタル・モデル）：個人の固定観念（暗黙の前提）を省察的な対話をすることで，管理する能力を育成すること「行動様式」
● ダブル・ループ学習（深い学習サイクル）のこと</td></tr>
<tr><td>④チーム学習（組織のメンタル・モデル）：組織が省察的な対話をする能力を育成すること「行動様式」
● 価値観の異なる人との省察的な対話を通して学習を引き出し，組織共通のメンタル・モデル（組織の固定観念：暗黙の前提）をマネジメントし，組織の総和を超えたチーム力を創り出すこと：組織内の合致を作り出すこと</td></tr>
<tr><td>３．複雑性を理解する能力（個人・組織の能力）
※世界における複雑性を認知，管理するための幅広い知識と実践の能力
※すべての学習の土台となる能力
※この能力を育むには他の２つのコンピタンスを総合的に使う</td><td>⑤システム思考（個人と組織の思考システム）：個人・組織の複雑性を理解する能力を育成すること「思考様式」
● 個人・組織において，さまざまなレベルでの物事のつながり（相互関係）と全体像を見ることで改善策を見いだすこと</td></tr>
</table>

出典：Senge, Peter M, Kleiner, Art ほか. フィールドブック：学習する組織「５つの能力」. 柴田昌治監訳, 牧野元三訳. 日本経済新聞社, 2003, p. 61-62. Senge, Peter M. 学習する学校：子ども・教員・親・地域で未来の学びを創造する. リヒテルズ直子訳. 英治出版, 2014, p. 122. 以上を参考に筆者作成。

1．複雑性を理解する能力　⑤システム思考		
	2．志を育成する能力	3．省察的に対話する能力
個人学習	①自己マスタリー	③メンタル・モデル
組織学習	②共有ビジョン	④チーム学習

図Ⅳ-2　センゲの「学習する組織論」における3つのコア・コンピタンス（1～3）と5つのディシプリン（①～⑤）の関係

出典：Senge, Peter M. 学習する学校：子ども・教員・親・地域で未来の学びを創造する. リヒテルズ直子訳. 英治出版, 2014, p. 61-62. Senge, Peter M. 学習する組織：システム思考で未来を創造する. 枝廣淳子, 小田理一郎ほか訳. 英治出版, 2011, p. 122. 以上を参考に筆者作成。

化に対応する柔軟性を理解し，自己変革と組織変革を実践する組織となる[63]。

なお，5つのディシプリンの概念は，センゲが初めて提示したものではなく，100年以上も前から行われていた集団力学，システム，創造的プロセスなどの研究に根ざしたものである[64]。

（7）協働構築

協働構築には，まず，組織構成員一人ひとりが，自分の内部に目を向け，自分の思い込みや意識・無意識の固定観念（暗黙の前提）を乗り越えることを意識し，それを探求することが求められる。まず，自分の内部に目を向け，自己マスタリーを認識し，自己のメンタル・モデルをマネジメントし，システム思考を用いて探究することである（個人学習）。次に，自分の外部に目を向け，自分以外の人との共有ビジョンを構築し，チーム学習を創り出し，システム思考を用いて探求することである（組織学習）。

以上のように5つのディシプリンを総合的に実践することで，一人ひとりが自分の思考様式と行動様式を意識し，自分以外の人と関わり，それまでと異なったやり方で思考し，行動することである。この過程をとおして他の人との相互作用が起こり，協働を築き始めるようになる（組織学習）。

このような実践においては，一人ひとりが「個人学習」を振り返り，「個人学習」を絶えず検証することが「組織学習」にとって重要である[65]。つまり，

「協働構築」は，「組織の学習」において形成され，この「組織学習」において重要なことは，一人ひとりが「個人学習」を振り返ることである。

4.1.3　学校組織における経営論と組織論の現状

学校組織における経営論　まず，学校組織における経営論として語られてきたNPM論（New Public Management Theory：ニュー・パブリック・マネジメント論）について述べる。NPM論は，イギリスの行政学者クリストファー・フッド（Food, Christopher）により生み出され，1980年代以降，欧米諸国において，行政の運営の効率化を目指す行政改革として，民間企業の経営手法を導入するものであった。日本において話題になり始めたのは1995年以降のことである[66]。

その頃，日本では，独立行政法人化，行政評価制度が提言され，公共事業において資金調達・管理・運営を民間に委ねる指定管理者制度PFI（Private Finance Initiative）が導入されていた。これは，NPM改革の一つであった[67]。この頃，公共図書館においてもPFIが導入されている。本来，PFIは，「民ならではの価値創造を意図するもの」であったが，日本型のPFIは，官公庁の仕事を民間へ移転するだけのものであり，民ならではの新たな価値を公共事業において創造するものではなく，効果的な導入とはいえなかった。その結果，官公庁の意思決定プロセスを変えることはできず，「安上がりの公共事業」「官製の下請け事業」に止まるものであった[68]。

また，NPM論は，公共組織も組織として成り立てば，私企業組織と同じマネジメントの理論や手法が適用されるべきと主張している。しかし，公共組織は，政治的，制度的，社会的な価値に影響を受けざるを得ないため，外部環境に依存しない私企業組織とは異なり，外部環境と相互依存的な関係にあるオープン・システムである。つまり，NPM論は，公共組織と私企業組織の成り立ちが基本的に異なることを考慮していない理論であった。

さらに，NPM論が最も重視するのは成果を測定し評価することであり，公共組織も私企業組織のように成果を測定し評価する合理的なマネジメントを心がけるべきと主張した[69]。たしかに，公共組織においても経営資源（ヒト，モノ，カネ，情報）の制約がなされるため，効率性や生産性の重視が必要である。しかし，公共組織はその成果指標は代替尺度で補うことが多いため，その成果を測定することは困難であり，評価の意味をなさないことがある。

以上のように，NPM 論（PFI 改革を含む）は，公共組織と私企業組織の違いを考慮しないマネジメント手法であり，公共組織である学校組織に合わないことが理解できる。このような公共組織において，経営資源が制約されたとしても，組織の効率性や生産性を上げるにはヒトを活かし，情報という経営資源を有効に活用することはできる[70]。すなわち，学校組織には，ヒトを適正に配置し，ヒトを活かし，情報を有効に活用できる経営論が求められる。

学校組織における組織論　次に，学校組織における組織論について述べる。多くの学校で応用されてきたバーナードの組織論は，「学校の教育目標の明確化と教員間の共通理解の深化」が「教員間の協働を高める」ことを示し[71]，「管理職，主任層によるリーダーシップ」についてさまざまな形で論じられてきた。

また，バーナードの組織論は，組織成立の要素を，相互依存関係をもつ三要素とし，共通目標（common purpose），伝達（communication），貢献意欲（willingness to serve），を挙げている。さらに，組織が継続して存在するためには共通目標達成の度合いである協働の有効性（effectiveness），共通目標達成に必要な個人の貢献度である組織の能率（effency）のいずれかが必要であるとしている[72]。

一方，学校組織は，学校を取り巻く環境と相互依存的関係にあるオープン・システムであり，曖昧さや緩やかさのある組織である。さらに，学校組織は，教員の教室における自律性が高く，個々の教員の裁量範囲が広く，教員間の相互関係の緩やかな「個業型」の組織である[73]。つまり，教育目標は曖昧であり，教育目標に関する共通理解は低く，教員間の関係は緩やかである。その上，学校の教育目標だけでなく，学年や教科という下位組織の教育目標にあっても共通理解されるものであるかは定かではない[74]。したがって，「学校の教育目標の明確化と教員の共通理解の深化」により協働を構築するバーナードの組織論は，学校組織に適合しているのかとの疑問が提起されてきた[75]。

また，バーナードの組織論における「協働」は，解決すべき課題が存在しており，その課題解決のための協働構築が焦点となっている。すなわち，課題を「共通メンバーが認識し，それを受け入れている」ことが前提の「課題解消型協働」である。しかし，学校における課題は，児童生徒の実態から学校の主要な課題や学校組織目標は何かを関係者の相互作用によって明確化していく「課題生成型協働」である[76]。この課題や目標の明確化の過程が学校組織における協働構築の過程となる。このような「課題生成型協働」を，教育活動に位置づけることは，教員の主体的な教育活動の改善を可能にし，教員の自律性と学校の自立性を構築することが期待できる[77]。

学校組織における課題や目標は，第一に，児童生徒の実態から児童生徒の課題を生成し，第二に，児童生徒の到達目標を生成し，第三に，教員の取り組み目標を生成し，第四に，学校組織の目標を生成し，学校組織の課題を生成する。このように，学校組織の目標は児童生徒の課題から構造化されるのである（図Ⅳ-３）。すなわち，「課題解消型協働」のバーナードの組織論は学校組織の協働構築の理論には適合しないため，「課題生成型協働」を指向する組織論が求められる。

4.2　センゲの「学習する組織論」選択の理由

4.2.1　バーナードの組織論とセンゲの「学習する組織論」の比較

学校組織で応用されてきたバーナードの組織論とセンゲの「学習する組織論」を比較すると，対応する部分と対応しない部分がある。

まず，対応する部分について述べる。バーナードの組織論では，組織の構成要素を，共通目標，伝達（コミュニケーション），貢献意欲（協働意欲）の３つ挙げている。一方，センゲの「学習する組織論」は，組織における個人が５つのディシプリン（自己マスタリー，共有ビジョン，メンタル・モデル，チーム学習，システム思考）を実践することで，３つのコア・コンピタンス（志を育成する能力，省察的に対話する能力，複雑性を理解する能力）が獲得され，その過程をとおし組織内に協働が構築されると述べている。バーナードの共通目標は，センゲの志を育成する能力に対応しており，バーナードの伝達はセンゲの省察的に対話する能力に対応している。バーナードの共通目標と伝達は，センゲの複雑性を理解する能力に対応している（表Ⅳ-２）。

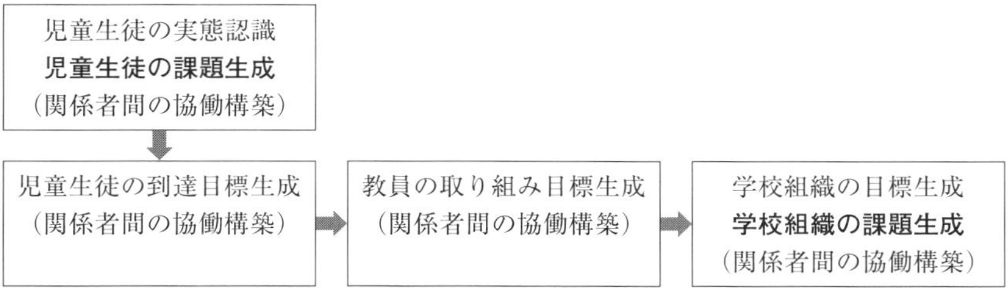

図Ⅳ-３　学校組織における課題生成型協働

次に対応しない部分について述べる。バーナードの貢献意欲（協働意欲）は「課題解消型協働」であり，センゲの協働構築は「課題生成型協働」（図Ⅳ-３）であり，異なっている。バーナードの「課題解決型協働」は，「解決すべき課題が存在し，この課題を教員が認識し受入れている」ことが前提である。つま

表Ⅳ-２　バーナードの「組織論」とセンゲの「学習する組織論」の比較

バーナードの「組織論」 （３つの組織の構成要素）	**センゲの「学習する組織論」** （３つのコア・コンピタンス（学習能力：１～３と５つのディシプリン（学習方法：①～⑤））	
１．共通目標 共通目標は既存のものである	１．志を育成する能力 ①自己マスタリー ②共有ビジョン 共通目標は関係者の協働で明確化していくものである	３．複雑性を理解する能力 ⑤システム思考
２．伝達（コミュニケーション）	２．省察的に対話する能力 ③メンタル・モデル ④チーム学習	
３．貢献意欲（協働意欲） 課題解消型協働：組織メンバーに認識されている課題を解決する過程で協働が構築される	（バーナードの組織論とは対応しない部分） 課題生成型協働：課題を組織メンバーで設定していく過程で協働が構築される	

出典：ピーター・M・センゲ，ネルダ・キャンブロン=マッケイブほか．学習する学校：子ども・教員・親・地域で未来の学びを創造する．リヒテルズ直子訳．英治出版，2014，p. 61-62．ピーター・M・センゲ．学習する組織：システム思考で未来を創造する．枝廣淳子，小田理一郎ほか訳．英治出版，2011，p. 34-55，p. 192-366．以上を参考に筆者作成。

り，課題を解決する過程で協働を構築する「課題解消型協働」である。しかし，学校組織では，「解決すべき教育課題」が最初から存在するわけではなく，児童生徒の実態から教員の相互作用で教育課題を明確化することが求められる(4.1.3)。一方，センゲの「学習する組織論」は，「省察的に対話する能力」で課題を設定するとし，課題を設定する過程で協働が構築される「課題生成型協働」であり，学校組織の課題の現状に合致する（表Ⅳ-２）。

4.2.2　学校組織改善とセンゲの「学習する組織論」

学校組織の特徴としてセンゲは以下の４点を示している。第一に，優れたイノベーションに重要な役割を果たした校長や教員が去れば，直ぐに元のやり方に戻るというように，持続的なイノベーションが難しく，持続性のない組織である。第二に，学校制度は，17，18世紀に一教室一校型の学校が始まり，19世紀にできた都市型学校システムであり，未だに新しい制度である。第三に，学校組織が教育委員会，文部科学省，保護者等の社会システムに深く密着して埋め込まれたオープン・システムであり，自立性の少ない組織である。このことがイノベーションの観点において学校組織の最も難しい特徴である。第四に，学校組織は，管理する教員と教員から認められることに依存した児童生徒で構成されており，児童生徒は，テストで良い点数を取るのが学習だという考え方の実用本位の小さなビジョンしか持ち得ない組織である。

以上のような４つの特徴を持つ学校組織を，持続可能性が高く，自立性があり，児童生徒が実用本位ではない大きなビジョンを持つ学校組織へ改善する方法は，学習のために存在する学校が「学習する組織」になれることを認めることであると説いている[78]。つまり，センゲは「学習する組織」を構築することで，学校組織の特徴を踏まえた学校組織改善が期待できると論じている。

4.2.3　「学習」の回復とセンゲの「学習する組織論」

学校組織構成員であり，教える側の教員の「学習」は，いちばん大切な「考えること」「疑問を抱くこと」を忘れ，既存の制度や枠組みを踏襲し，思考停止の現状である[79]。このように思考停止する教員は，教える側の教員の最大の課題となっている。この課題を解決する方法は，教員が「考えること」「疑問を抱くこと」を始め，自ら思考することで「学習」を回復することである。それには，教員一人ひとりが思考様式の変化を起こし，行動様式の変革を起こすことが求められる。特に，「ダブル・ループ学習（深い学習サイクル：4.1.1(2))」を学校組織内の個人や集団の中で起こし，「学習」を回復することが重要である[80]。

一方，児童生徒の「学習」は，教科の内容や教員の教授法だけでなく，児童生徒の理解の仕方や児童生徒が誰であるか，児童生徒は既に何を知っているかによって左右する。教員がこのような児童生徒の「学習」の現状に気づくことが児童生徒の「学習」を深いものにする。児童生徒の「学習」を深いものにするには，教科の内容や教員の教授法に焦点を当てるだけでなく，教科の内容を児童生徒の「学習」の現状へと導き，教員と児童生徒の相互関係の中に児童生徒の「学習」を築くことである。すなわち，教員と児童生徒の相互作用（協働）が求められるのである[81]。

以上のように教員と児童生徒の相互作用による「学習」を回復する方法を，センゲの「学習する組織論」を枠組みに具体的に述べる。まず，教員は，授業に関して，自ら５つのディシプリンを総合的に実践し，「ダブル・ループ学習（深い学習サイクル）」を起こす。このことで，教員は自ら「学習」することを回復する。次に，授業において，児童生徒と相互作用を起こすことで，児童生徒は「学習」を回復し，「学習」を深いものにする。つまり，教員自身が「学習する教員」となることで，教員と児童生徒の相互作用が生まれ，「学習する児童生徒」を育むのである。

4.2.4　教員の思考停止からの当事者性の回復とセンゲの「学習する組織論」

教員の思考停止から当事者性を回復する方法について以下のような先行研究が４点ある。

佐古秀一は，教員の思考停止に関して，“教員は目の前の現状を見ず，今までの経験でやっているため，具体的な学校経営（学校教育）の課題や新規の知識の形成がブロックされている。このような教員の思考停止の現状では，学習指導要領から児童生徒に求められている「主体的・対話的で深い学び」「カリキュラム・マネジメント」は，形だけのものになるだろう”と述べている[82]。このような，教員の思考停止から当事者性を回復する方法として，佐古は，「主体的・対話的で深い学び」の手法による校内研修を提案している[83]。

市村淳子も，「主体的・対話的で深い学び」を応用した教員研修を実施することで，教員をアクティブラーナーに変容させることが可能であることを明らかにしている[84]。

勝野正章は，思考停止から当事者性を回復する方法として，国から命じられたことをそのまま実施するのではなく，自校や自分の教育の在り方を願い，希望として，自分の言葉で語ることを提案している。具体的には，「学び」とは「主体的・対話的で深い学び」であるというのではなく，児童生徒に「主体的・対話的で深い学び」をしてほしいと教員は願っているのだという言語行為の転換を要請している[85]。

浅井幸子は，学習指導要領など国からの命令を，「自校の具体的な児童生徒の固有の課題」へ引き戻し，自分の言葉として再定義することで「自校の固有で具体的な現実」に向き合うことになり，国からの命令を緩和させる可能性があると述べている[86]。

以上ように，「主体的・対話的で深い学び」を応用した研修を実施すること，命じられた言葉を自分の言葉で語ることで教員は思考停止から脱出し，当事者性を回復し，アクティブラーナーへと変わることが期待できる。つまり，「学習する教員」になることである。このように，先行研究で述べられてきた教員の思考停止から当事者性を回復する方法は，センゲの「学習する組織論」と合致する。

4.3　学校組織におけるセンゲの「学習する組織論」

4.3.1　3つのコア・コンピタンス

センゲは，学校組織において教員に育成すべき中核的な学習能力である3つのコア・コンピタンスを以下のように具体的に述べている[87]。

志を育成する能力　第一のコア・コンピタンスは，「志を育成する能力」であり，個人と組織の願望を明確に表現し，進む方向を定める能力である。まず，教員は，子どもたちの未来のために新しいものを生み出すことに心から関心を持つこと，次に，子どもたちの現状を見極めること，次に，そのギャップから子どもたちの未来にできることを提案し，それに取り組み，最後に，その結果を振り返り工夫することである。つまり，子どもたちの未来にできることを教員自身が自分なりの方法で生み出すことである。

省察的に対話する能力　第二のコア・コンピタンスは，「省察的に対話する能力」であり，内省的な思考と生成的な会話の実践に関する能力である。まず，教員は学校組織において，自分の見解を強く主張しすぎて他の人の声が聞こえなくなっていないこと，次に自分の考えを絶対的なものと思わず他の人の考えも聞いている（内省的な思考）こと，最後に教員が当惑するようなテーマでも誰も傷つけず安心して話をしていること，教員自身が抱く希望・願望の相違点・類似点をオープンに話し合う（生成的な会話）ことである。

複雑性を理解する能力　第三のコア・コンピタンスは，「複雑性を理解する能力」であり，世界における複雑性を認知し，それを管理するための幅広い知識とそれを実践する能力である。まず，教員は問題を他の人のせいにしていないこと，次に，あらゆる行為は関係しあい誰か一人の責任ではないことを認めていること，最後に，システム全体の観点から問題を注視し自分の見解を絶対的なものと思わず他の異なる見解も検討することである。

すなわち，教員には学校組織において育成すべき中核的な学習能力として，以上の３つのコア・コンピタンスが求められるのである。

4.3.2　５つのディシプリン

センゲは，学校組織において，３つのコア・コンピタンスを育成する学習方法である５つのディシプリンについて以下のように具体的に述べている。

自己マスタリーの構築　第一のディシプリンは，自己マスタリーの構築である。まず，「自分のビジョン（将来展望）を明確にすること」，次に，「今の現実」と「自分のビジョン」とのギャップを見出すこと」，最後に，「自分のビジョン達成のために意識的に取り組むこと」，この３つの要素をスパイラルに続けることである。

まず，教員は，自分が心の底から望むこと，自分の生み出したいものに近いビジョンを自分の言葉で明確に表現する。次に，理想とする自分のビジョンの中で，自分は現在どのような教員か，自分の望むような教員となっているか，児童生徒，他の教員，管理職とどう交流しているか，自分は何を生み出そうとしているのか，自分が望む成果を実現するものは何か，これらを明らかにし，「今の現実」を理解する。つまり，学校の状況，学級の状況，学習の質，使える資源（ヒト，モノ，カネ，情報），自身の能力の現状を直視し，自分のビジョンと今の現実の中で，自身の望む成果や行動を選ぶことである。その上で，自分のビジョンを意識的に取り組み自身の教員としての資質をより高くしようと努力し，自分のビジョンをさらに大きく広げ，自身の可能性に大きく挑み続けることである[88]。

共有ビジョンの構築　第二のディシプリンは共有ビジョンの構築である。学校組織構成員がお互いに共有するビジョンを生み出すために，本質的に異なる個人のビジョンや願望を整合的に調整することである。

教員は共有ビジョンに到達する上で重要な価値観，達成したい仲間のビジョン，役立つ原則や指針となる慣行を共有しながら組織で「生み出したいと思っているビジョン」のイメージを膨らませる。これには，定期的に話し合う機会を持つことも含まれる。共有ビジョンを構築するためにはコミュニケーションにおける戦略が必要であり，第一のディシプリンである自己マスタリーの３つの要素「自分のビジョンを明確にすること」「今の現実と自分のビジョンとのギャップを見出すこと」「自分のビジョン達成のために意識的に取り組むこと」を活用し，学校組織の共有ビジョンを構築する。その際には，以下の５つの段階を考慮する必要がある。

第一段階は，校長による「命令（トップダウン）」である。共有ビジョンの内容が明確であり，校長の権威に根差しており，教員に否定の余地がない。第二段階は，「売り込み」である。校長は教員に多くの関りを求めながら「これをやると必ず役立つよ」などのアプローチをすることで新しいことに参画させる。第三段階は，「テスト」である。校長は人々にいくつか案を提示し，どれをどのくらい支持するか尋ねることで教員に選択させる。第四段階は，「相談」である。校長は自分にはすべての答えを知ることはできないと認めることから始め，どのようなことが考えられるのか，できるのかを教員に尋ねる。第五段階は，「共創（ボトムアップ）」である。教員一人ひとりが参加し，教員個人のビジョンを一人ひとりが生み出し，教員同士で話し合う。この段階では，教員一人ひとりに意味のある省察的な対話（内省的な思考と生成的な会話）ができることが求められる。すなわち，第一段階は校長に依存する度合いが高いが，第五段階へ進むほど組織全体としての方向付け，学習能力の度合いが高くなっている[89]。つまり，「命令」の目標を超えるには，下から築く「共創」となることが求められる。

このように，個人のビジョン（自己マスタリー）を使い，省察的な対話を重ねていくことで，共有ビジョンを築き上げていくことが求められる。つまり，共有ビジョンは上から伝えるものではなく下から「築く」ものである[90]。また，共有ビジョンの構築には，「組織の中のあらゆる人々の個人のビジョン」と結びつくことが最重要であり，児童生徒，保護者との関係性も重要である。リーダーシップをとる立場の人々にとり大切なことは，“リーダーのビジョンもやはり個人のビジョンなのだと肝に銘じること”である[91]。

つまり，校長は，「学校組織の共有ビジョン」を形成していく過程で，個々の教員が自らの実践を通じて抱く課題意識を起点に教員同士の省察的な対話の機会を促進し，その中に校長自身のビジョンを絡み合わせることにリーダーシップを発揮すべきである[92]。学校組織の目標である「学校組織の共有ビジョン」が構築される過程が学校組織内における協働構築の過程である（課題生成型協働：図Ⅳ－3）。

メンタル・モデルの管理　第三のディシプリンは，メンタル・モデルの管理である。自身の物事の見方や行動に大きく影響を与える個人の意識・無意識の固定観念（暗黙の前提）を自覚することである。メンタル・モデルは，普段は言葉で表されず，意識の底に潜むため，検証されることは少なく，人により異なり，たとえ同じものを見ても異なる形で表現される。このような自分自身の意識・無意識の固定観念であるメンタル・モデルを管理するということは，他者と省察的に対話することであり，２つの段階がある。

第一段階は，自身で内省的な思考（自分の考えや行動を深く省みる思考）をし，他者との生成的な会話（根源から創造するような会話）をするコミュニケーションを通し，どのように自分のメンタル・モデルが作られるのかを自覚的に振り返り，気づくことである。第二段階は，自分のメンタル・モデルを他者とオープンに共有することで，お互いのメンタル・モデルについての知識を高め合うことである。

以上のように，教員は自分のメンタル・モデルを管理して新たなメンタル・モデルを作る過程で，互いの認識の違いと共通性を明らかにし，自分と他の教員の考え方を客観的・冷静に見直し，対立する見解を持つ教員と共に互いの「考え方」を考察する。つまり，それぞれの「考え方」に光を当てることである。この時，教員は，自分の言葉に細心の注意を払い，何を伝えたいかはっきり意識して伝達することが大切である[93]。

チーム学習の構築　　第四のディシプリンは，チーム学習の構築である。学校組織構成員が心から望む結果を出せるように，チームの能力を整え，伸ばしていくことである[94]。チーム学習の構築において，すべての組織構成員が同じ考えを持ち合意することは非現実的であり，また，そうすべき理由はない。しかし，考え方や価値観の異なる人とも省察的な対話（内省的な思考と生成的な会話）をすることで，お互いを理解し，尊重することが重要である。

教員と専門職は，共に相手を尊重して働くことで，それぞれ個人のメンタル・モデルを管理し，両者に共通の新たな組織のメンタル・モデルを確立する。このような「チーム学習」を構築する過程で，両者は，調和の中で効果的に思考し，行動することができるようになる。

つまり，教員と専門職は，一つの組織として機能するように配慮することで一人ひとりのバラバラの目的や現実を共有された方向へ向かわせることである。このように合意ではなく合致を創り出すことが「チーム学習」である。合致とは，合意がなくとも組織全体で話をし，組織のメンタル・モデルを作り出すことである[95]。合致創出の過程を通して協働は構築される。

なお，教員は個人として仕事をする（個業型）ため協働が苦手であり，教員にとり協働の学びは，新しい学びであるため，協働の精神を高めることが求められる。そのためには，十分な時間を設け，継続的に進める必要がある[96]。既存の学校教育は，教員が自分の教室に入り，一人で教え，児童生徒は自分ができることを自分一人でやり遂げるものと考えられていた。つまり，学校教育は教員にとっても児童生徒にとっても個人的なものであった。しかし，現在は，教育は教員同士の協働，専門職同士の協働，教員と専門職の協働，教員と児童生徒の協働，児童同士の協働，つまり，「チーム学習」へと変化してきている[97]。

システム思考の構築　第五のディシプリンは，システム思考の構築である。課題や目標を異なる視点でみることで物事の全体像，相互関係を理解することであり，世界の複雑性を理解する能力を育成することである。つまり，誰からも説明されることがない行動のパターンを明らかにし，大きな全体図とその中の詳細，全体を成す部分とその中の部分が時間の経過とともに起こす相互作用の在り方を見えるようにすることである[98]。すなわち，物事の全体像や本質を見るため，組織の中の構成要素であるすべての部分との有機的な関係性を捉えることであり，組織における課題の改善策を見出すために有効なアプローチである。

例えば，校長は学校の目標を立てる際，トップダウンではなくボトムアップの目標を立てるために「システム思考」を使い自身で組織の一個人として組織構成員の話を聞くことである（共有ビジョンの構築）。また，職員会議，学級，個人的な助言などで問題が起きている時や何かを決める時に「システム思考」を個人的・組織的に実践することも挙げられる。その他，教員が学校の課題を共有する時，他の教科の教員と教材研究を共有する時（TT：チーム・ティーチング），及び教科横断型授業を実施し授業を共有する時などに「システム思考」を使うことが考えられる。このように，「システム思考」を使い，教員間でさまざまな「共有」をする過程で協働は構築される。

4.3.3　5つのディシプリンの総合的実践と協働構築

学校組織における「学習（個人・組織）」は，3つのコア・コンピタンス（学習能力）とそれを育成する5つのディシプリン（学習方法）の実践から成るが，センゲは，これらを個別に扱うのではなく，学校組織構成員が5つのディシプリンを総合的に実践する必要性を述べている。つまり，学校組織構成員が5つのディシプリンを総合的に実践することで，3つのコア・コンピタンスが学校組織構成員に育成される。この育成された3つのコア・コンピタンスを基に，思考様式を変え，行動様式を変革することで学校組織構成員は「学習（個人・

組織)」の効果を上げ，組織の目的を達成する[99]。このように，５つのディシプリンを総合的に実践する過程において，協働は構築されるのである。

次に，学校組織において５つのディシプリンを総合的に実践する方法を述べる。学校組織構成員（教員と専門職）はそれぞれ異なる「メンタル・モデル」を持つため，互いを理解することは難しい。しかし，学校組織の複雑性を理解する「システム思考」を用いて，一人ひとりの「自己マスタリー」に基づく「チーム学習」を実践し，「共有ビジョン」を構築する。この過程において，学校組織構成員に「個人の学習」が起こり，この「個人の学習」が学校組織内に波及することで「組織の学習」が成される。

以上のように，５つのディシプリンを総合的に実践することは，自分自身の願望を明確にし，物事を創造的に方向付け，他者とより深い結びつきをもたらし，互いの理解が進み協働は構築される。学校組織構成員に協働が構築されている学校組織は「学習する組織」となる[100]。なお，学校組織構成員が自分の経験から「学習」するためには，過去，現在，未来のすべてを通じた「行為についての振り返り」が重要である[101]。

4.4　学校組織内，学校図書館組織内，教員と学校図書館組織構成員間の協働構築方法

Ⅲ章で明らかにされた協働構築方法を学校組織内，学校図書館組織内，教員と学校図書館組織構成員間の協働（３つの協働）ごとにセンゲの「学習する組織論」を枠組みに具体的に提示する。

4.4.1　学校組織内の協働構築における５つのディシプリンの総合的実践方法

Ⅲ章で明らかにされた学校組織内の協働構築方法を，協働における７つの観点（職務体制，職務分担，学校組織文化，学校組織の自立性，教員の自律性，協働のパターン，チーム学校）ごとに５つのディシプリンを総合的に実践する方法を具体的に提示する。

（1）職務体制

学校組織の職務体制は，教員一人ひとりが自分の課題意識や価値基準に基づいて行う意思決定に依拠している「個業型」組織であるため，個々の教員による教育活動に左右される。つまり，官僚制組織のように，組織の権限，責任を構造化し，上から下に向かう意思伝達では統制できない組織である。教員は，多様な子どもたちとの相互作用の中で不確実性と予測困難に直面しながら「最前線の意思決定者」として，職務を日々こなしている。このような教員の職務の特性を考えると，組織内部での教育の課題の統合化を図るのは非常に困難である。統合化を図るには，組織的に教員間の個人と個人の相互作用を活性化させること，コミュニケーションを活性化させることである。以下にコミュニケーションを活性化し教育の課題を統合化し，教育の課題を生成する具体的な方法を記す。

学校における教育活動は，教育の実態を教員間で相互に交流し，省察的な対話を活用することで共有し，全教員で教育の課題を生成し（自己マスタリー，共有ビジョン，メンタル・モデル，チーム学習，システム思考の実践），その課題を踏まえた教育活動を実践することが重要である。これらのことをスパイラルに展開することが教育活動に求められる。まず，教員は，児童生徒の実態を見極め，その課題を明確にする（自己マスタリー，システム思考の実践）。次に，教員全体で省察的な対話をすることで教育の課題を生成し，明確にし，共有する（共有ビジョン，システム思考の実践）。最後に，教育課題と教育活動を関連づけ，教員の実践を変革する（メンタル・モデル，チーム学習，システム思考の実践）。これらの活動をスパイラルに展開する過程を通して教員間の協働は構築される（学校組織における課題生成型協働：図Ⅳ-3）。さらにこのスパイラルな展開の中に，校内研究，職員会議，研修などの時間を年間計画に位置づけることも協働構築に有効である。つまり，協働構築の出発点は，それぞれの学校の児童生徒の実態を見極めることから，教育の課題を生成することによる課題の明確化と共有化にある（自己マスタリー，共有ビジョン，メンタル・モデル，チーム学習，システム思考の実践）。

（2）職務分担

学校組織の職務分担である校務分掌の設計者である校長は，多くの場合，他の教員よりも遅れて着任し，先に転出していく存在となっている。そのため，学校組織において中心的位置を占めているとは限らない。つまり，校長を含めた教職員の関係性や協働構築の実態は一様ではない。

例えば，教職員の関係性が非常に緊密で課題を意識し合う関係があり，協働が構築されている実態がある反面，児童生徒や授業のことを話題にする会話がほとんどない関係性も存在する。すなわち，教職員の関係性は疎・密，強・弱，硬・軟さまざまであり，ある一部の教職員が動けばそれと同じ方向に全体が一斉に動くということにはならない。明確な権限・責任を持つ校長であっても，強引な動きをすると教職員との関係性は簡単に切れることがある。このように関係性の切れた状態で意思疎通が困難になっても，授業をはじめとする個別の教育活動は「個業型」としてそれなりに維持される[102]。そのため，校長と教職員，教職員同士の関係性の実態を把握することは非常に難しい。

校長が校務分掌を設計する時は，まず，教職員にとり適切な組織構造になっているか否か自ら確認するとともに，時には外部の視点を入れながら学校における教員と専門職の役割分担をはじめとした協働体制や業務負担のバランスを考慮することが重要である。校務分掌の設計には，各学校の特色として，以下の６点を考慮することが推奨されている。

第一に，教育課程経営（カリキュラム・マネジメント）の円滑な展開を軸に校務分掌を整えること，第二に，類似の内容を扱う委員会は合同設置や組織構成員を統一するなどの，校務のスリム化を図ること，第三に，組織運営の機能化を図ること，第四に，教員と専門職の組み合わせの体制を整え，教員が教育活動に専念できる体制を整えること，第五に，開かれた学校を目指し，教員と保護者や地域の人々との協働を促すこと，第六に，学校が取り組む重点的な課題への対応を核にすることである。

以上の６点を考慮し，学校組織構成員全員で話し合いを持ちながら校務分掌を設計することが重要である[103]。この話し合いの時に校長は，学校組織構成員全員に「自分自身で何を生み出したいのか考えること（自己マスタリー，システム思考の実践）」を指示することが重要である。

また，学校組織構成員全員で話し合いをする時には，省察的に対話する能力（自己マスタリー，共有ビジョン，メンタル・モデル，チーム学習，システム思考の実践）を活用することである。この過程を通して，学校組織構成員間にネットワークが構築され，ネットワークを媒介にしながら水平で柔軟に結合した「ネットワーク組織」（Ⅲ章：3.1.1(8)）が構築され，学校組織内のいたるところに協働が構築される。

（3）組織文化

教員は問題を抱えたまま他の教員と問題を共有することをしないといった組織文化があり，ストレスと多忙を抱えている。なぜなら教員はその職務の特徴から個人主義的な傾向が強い（個業型）ため，コミュニケーションを取りにくく，学びの共同体の機能も図られにくいことが挙げられている。このような状況を解決するには，空き時間などで交わされるちょっとした会話で情報交換するインフォーマルなコミュニケーションが有効である[104]。

職員会議によるフォーマルなコミュニケーションより，個人的な人間関係によるインフォーマルなコミュニケーションが組織の人間関係に大きく作用する[105]。インフォーマルなコミュニケーションでは，お互いに，学校，学級，自身の課題の原因は何なのかについて自身の考えていることを明らかにし，意識・無意識の固定観念を自覚し，振り返りながら相手と会話をし，固定観念を変えるきっかけとすることが重要である（自己マスタリー，共有ビジョン，メンタル・モデル，チーム学習，システム思考の実践）。このようなインフォーマルなコミュニケーションにおける省察的な対話や複雑性を理解する能力が，教員間の同僚性を回復し，学びの共同体の機能が図られ，協働が構築される。

（4）組織の自立

学校組織の自立には，教育施策の制度面において各学校の現状が加味された実質的な教育施策の整備が求められる。このことは，学校組織内では対応できないため本書では言及しない。

(5) 教員の自律

教員の自律を確立するには，教員のやる気を起こす適切な教員評価が求められる。教員評価の目的は，その評価を用いて教員の資質を上げること，教員の学びのためのものである。しかし，現行の教員評価は，評価の低い教員を学校から排除するという管理体制の強化となっており，教員の自律を妨げている。

このような中，教員の自律を確立するには，評価の低い教員を排除するという管理体制の強化を改善することである。そのためには，教員の教育活動の教育全体への貢献度を測る教員評価とする必要がある。具体的には，教員自身が編成した教育課程の教育全体への貢献度と児童生徒が学習によりどれだけ伸びたかを評価することであり，教員の教育活動における目標達成度の評価をすることが重要である。

適切な教員評価をするには，まず，教員が目の前の児童生徒，学校，家庭，地域の現状に合致した教育課程を自ら考え，心から望むものを自律的に編成する必要がある。そのためには，法的な拘束力を持つ学習指導要領に従う画一化・標準化された他律的な教育課程編成の現状を見直すことが求められる。実際，学習指導要領には地域の実情や，児童生徒に適合した教育課程を自ら考え編成し，実践することが可能であることが述べられている[106]。つまり，教員は教育課程の編成権を持つため，自律的に，地域，家庭，学教，児童生徒に適合した教育課程を自ら考え編成し実践することは可能である。教員が教育課程を自律的に編成することで，教員評価は教員の教育活動における目標達成度の評価が可能となり，教員の教育活動への適切な教員評価に変わり，教員の自律は確立される。

適切な教員評価において，５つのディシプリンを総合的に実践する具体的な方法は以下のとおりである。まず，教員一人ひとりが，目の前の児童生徒の目指す学力と児童生徒の現状との乖離から児童生徒の教育課題を明らかにする（自己マスタリー，メンタル・モデル，システム思考の実践）。次に，他の教員の意見も注意深く聴き柔軟に取り入れ，児童生徒の教育課題に対する自分の今までの思い込みや固定観念を乗り越え教育課題を明らかにすることである（メンタル・モデル，共有ビジョン，チーム学習，システム思考の実践）。この時に，学校組織を超えた教育の観点から理解することが大切である（システム思考の実践）。

次に，教育課題を基に，目の前の児童生徒に適した教育課程を編成することが大切である。この教育課程の編成における目標の達成度を評価することで適切な教員評価が達成される。このような適切な教員評価の過程を通じて管理体制が改善され，教員の自律が確立され，教員の関係性が開かれ，協働が構築される。

さらに，この過程を通し，教員の教育に対する知識・理解が深まり，資質も向上し，やる気も高まる。教員がこのような「学習」をすること，つまり，教員による「個人学習」が組織内に波及することで，「組織学習」が構築される。なお，教員の教育課程編成時に司書教諭が参画することで教員と司書教諭の協働は期待できる。さらに，評価の低い教員も同様に「学習」することで資質の向上が望まれる。

一方，センゲは，教員評価について，Check（調査）ではなくStudy（学習：資質向上）とすることが重要である”と評価の在り方を問題としている。そこで，目標の達成度の評価（前述）だけにとらわれず，さまざまなニーズを評価するゴール・フリーの評価が求められると述べ，推奨している[107]。

ゴール・フリーによる教員評価は，その評価指標を他の人の作ったものや目標だけに基づくものではなく，教員自身が作った，教員のニーズに基づく評価指標とすることが大切である[108]。この時に，他の教員の意見も聞き，自分の思い込みや意識・無意識の固定観念を乗り越えることが求められる（自己マスタリー，共有ビジョン，メンタル・モデル，チーム学習，システム思考の実践）。このように，評価指標を他の教員の意見を取り入れながら自分自身で設定した上で，授業を実践し，自己評価するというゴール・フリーの教員評価が重要である。

（6）協働パターン

学校組織内の協働パターンは，教員同士，専門職同士の均質性協働と教員と専門職間の専門性協働がある。教員と専門職間の専門性協働は，両者が異なる背景を持ち互いの専門性を理解し合わないと通じないため協働が難しく，互いを理解し合うためのコミュニケーションの活性化が求められる。特に，専門職は限られた職務体制のことが多いため，両者は互いの専門性を理解し合うことが時間的に難しい。

教員が専門職の専門性を理解するためのコミュニケーションには，専門職と省察的な対話をすることで（メンタル・モデル，チーム学習，システム思考の実践），専門職に対する自分の固定観念を乗り越え，専門職との相互関係を理解すること（メンタル・モデル，システム思考の実践）が大切である。その上で，専門職の個人のビジョンに耳を傾け，さまざまな意見を取り入れることで自分の考え方を修正し，両者の共有ビジョンを構築すること（自己マスタリー，共有ビジョン，メンタル・モデル，チーム学習，システム思考の実践）が重要である。

このような実践は，価値観の違う人との省察的な対話を引き出し，互いの意識・無意識の固定観念を管理し，合致して一つのチームを作り出し，学校組織内に協働が構築される（メンタル・モデル，チーム学習，システム思考の実践）。さらに，協働構築には，相互に排他的ではなく包摂的な関係，つまり，両者間の信頼関係が求められる。この信頼関係を生じさせるには互いに敬意を払いあうことが前提となる[109]。

なお，学校組織内で，このような専門性協働を構築する際には，ほぼ同じ背景を持ち，綿密なやり取りがなくとも協働が可能である教員同士の協働（均質性協働）が構築されていることが基盤となる。

（7）「チーム学校」

「チーム学校」について，中央教育審議会から2015年と2017年に以下の二つの答申（「チームとしての学校の在り方と今後の改善方策について 平成27年」と「学校における働き方改革に係る緊急提言 平成29年」）が出されている。これらの答申は，複雑多様化した学校の課題を解決するには，学校組織や業務の在り方の見直しと，学校の働き方改革の実現としての「チーム学校」を提言している。さらに，教職員の勤務時間管理及び業務改善の推進，専門スタッフ配置の促進，学校の指導・運営体制の効果的な強化・充実の３点が挙げられている。しかし，教職員がどのように考えどのように行動したらよいのかの具体的な記述は欠けている。そのため，本研究では，教職員がどのように考えどのように行動したら「チーム学校」となるかを協働構築の観点で具体的に述べる。

教職員が協働を構築して，「チーム学校」となるには，教員の増員，専門職の正規雇用といった学校組織における職務体制の整備が求められる。さらに，職務分担として，専門職の専門性の理解や教育活動への参画も求められる。つまり，多様な専門職を教員と同様の職務体制とし，教育活動に参画できる職務分担で学校に配置し，「チーム」で学校の課題に対応することが重要である。教員と専門職が「チーム」となるには，両者が5つのディシプリンを総合的に実践することである。

まず，教員と専門職は共に，心から望む理想の「チーム」に関心を向け，現実の「チーム」との違いを見究め，「チーム」における課題を明らかにする（自己マスタリー，共有ビジョン，システム思考の実践）。次に，「チーム」内のさまざまな課題について教員と専門職の意見の相違点や類似点をオープンに話し合い，他の教員や専門職の異質な意見もよく聴き柔軟に取り入れる（メンタル・モデル，チーム学習，システム思考の実践）。

つまり，「チーム」の課題を学校教育全体の観点から考え，主体的・自律的に理想の「チーム」を構築することである（システム思考の実践）。このような「チーム」が構築されることで，教員が一身に背負ってきた学校の課題を専門職とともに「チーム」で担うことになり，教員に時間的，精神的な余裕が生まれるようになる。このような実践が成されることで，教員と専門職間だけでなく，教員間の関係性が開かれ，学校組織内のいたるところで協働は構築される。学校図書館の専門職である学校図書館組織構成員も学校組織の「チーム」の一員となることで，教員との協働は構築される。

協働が構築された「チーム学校」では，一人ひとりが，思考様式を変え，行動様式を変革し，個人の能力を最大限に生かし，教育実践を革新し，先導し，それぞれの学校の強みを伸ばす原動力になる[110]。さらに，協働が構築されることで，教員の長時間労働・多忙・バーンアウトを効果的・創造的に改善することができる[111]。

一方，「チーム内」に協働が構築されているということは，教員と異なる知見や知識を持つ多様な専門職が教員と協働し児童生徒に接することであり，それぞれの足りないところを相互にカバーし合い，多様な児童生徒一人ひとりに応じた教育が可能となる。つまり，児童生徒にとっても大きなメリットとなる。

（8）研修における５つのディシプリンの総合的実践方法

学校組織内における学校図書館活用の研修における５つのディシプリンの総合的実践方法について述べる。

学校組織内における学校図書館活用の研修は，外部から講師を呼んできて実施する「一過性の研修」が多く，司書教諭が，研修講師を務めることは少ない。なぜなら，司書教諭は「兼任・充て職」であるため，時間的な余裕と学校図書館活用に関する知識が乏しく，講師を務めるための自身の学校図書館活用経験や他の教員の支援経験が少なく，研修の実施は困難であることが挙げられる。

しかし，外部講師は，研修の時間に来て時間に帰るという現状であり，研修校の教職員の知識レベル，児童生徒の課題，学校図書館活用の現状や課題などを知らずに研修を実施している場合が少なくない。さらに，講師や研修参加者が研修を振り返る時間を割くことができないことも多い。そのため，講師が研修参加者の声を聞くことも，話し合うこともないという状況がある。その上，このような「一過性の研修」では一般的な理論は学ぶが，実施校における実践的な知識・スキルまで学ぶことは難しい。そのため，研修参加者は今まで通りの「やり方」に戻り，改善につながらないことが多い。学校図書館活用の改善につながる「継続性のある実践的な研修」を実施するには，以下のような研修が求められる。

研修の講師は，研修参加の教職員の学校図書館活用に関する既存の知識を考慮し，教職員の直面している課題を改善できる方法を提案できるような人材が求められる。つまり，研修校の学校図書館活用に関する現状をよく知り，教職員の課題を熟知し，その改善に直ぐに応用できる実践的な知識・スキルを提供できる人材であることが望まれる。すなわち，研修講師を外部講師に頼るのではなく，学校内部の司書教諭，図書館担当教員，学校司書が研修講師となることが望まれる。

次に，５つのディシプリンを総合的に実践する研修の進め方を述べる。まず，研修に参加している教職員は，学校図書館活用における個人的な理想と現状についての明確な違いを把握し，自分のビジョンを構築する（自己マスタリー，システム思考の実践)。次に，自分のビジョンに囚われず他の教職員と省察的に対話することで，互いに合致した共有のビジョンを構築する（メンタル・モデル，共有ビジョン，システム思考の実践）。このように共有ビジョンを作る過程で，「個業型」である教員が，どうすれば他の教職員と協働できるのかを学べる機会となる（チーム学習，システム思考の実践）。

なお，教職員全員が参加する研修では，学年・学科という境界を越えた異なる視点で学校教育の全体像を見ることになり，それらの相互関係を理解しながら児童生徒をどのように育てたいか，そのためには何が必要なのかを省察的に話し合う機会になる（自己マスタリー，メンタル・モデル，共有ビジョン，チーム学習，システム思考の実践）。さらに，話し合いで合致させた改善策を実施し，その振り返りをすることも大切である。このことで次の研修課題が生まれ，研修はスパイラルに続くようになる。

このような省察的な対話を実践する研修は，研修参加者が相互に学ぶものであり，協働して仕事をする方法を提供し，学校図書館活用の改善だけでなく，学校組織の課題改善能力を向上させ，振り返りも可能な実践的な研修が可能となる。このような研修の実践過程を通し学校組織内の協働は構築される。

4.4.2　学校図書館組織内の協働構築における５つのディシプリンの総合的実践方法

Ⅲ章で明らかにされた学校図書館組織内の協働構築方法を，協働における６つの観点（職務体制，職務分担，組織文化，組織の自立と組織構成員の自律，協働のパターン，経営概念及び組織概念）ごとに５つのディシプリンを総合的に実践する方法を具体的に提示する。

（1）職務体制

学校図書館組織の職務体制の不備は，学校図書館組織内の協働構築において，最大の阻害要因である。この阻害要因を抑制するには，司書教諭の「専任・全校発令」，学校司書の「常勤・正規配置」が求められる。しかし，両者の職務体制を整えるには，教育行政（国，地方自治体）と学校制度（予算，学校規模などの支援）の変革が必要であり，実施は困難である。その対策として，司書教諭の学校図書館に関わる時間を確保することや司書教諭を複数配置することが考えられる。しかし，学校図書館の職務体制の現状を鑑みると，このような対策の実現ですら難しいと思われる。このような現状においても，それぞれの学校の職務体制や勤務の現状に応じた協働構築方法として，両者合同の継続的な研修が挙げられる。なお，学校図書館組織内の研修における５つのディシプリンの総合的実践方法の具体的な研修方法については，4.4.2(7)で後述しているので参照してほしい。

（2）職務分担

学校図書館法には，司書教諭と学校司書の専門性について以下のように記されている。司書教諭は，“学校図書館の専門的職務を掌る”（同法第６条）とされ，学校司書は，“専門的知識及び技能を必要とする”（同法付則）とあり，両者共に専門性が求められている。しかし，司書教諭には資格制度が確立しており，その専門性は担保されているが，学校司書は司書資格を保有していることが多いが学校司書の資格制度はないため，専門性は曖昧である。そのため，両者の職務内容を明らかにすることは困難であり，職務分担を明確にすることはできない。学校図書館組織内において，両者が協働するには，職務分担を明確にする必要があるが，上記のように明確にできない現状があり，協働は難しい。

このような状況の中，2014年，「学校図書館の整備充実に関する調査研究協力者会議」（文部科学省）において，「これからの学校図書館の整備充実について（報告）」を示し，この中に学校司書モデルカリキュラムが提案され，学校司書の専門性の育成が短大・大学において始まっている[112]。しかし，これは資格制度ではなく，これを受講するだけでは学校図書館現場での学校司書の専門性は保証されない。また，受講者が限られており，学校司書の専門性を一般化することは難しい。このようななか，両者の専門性を明らかにし，協働を構築するには，司書教諭及び学校司書に対する継続的な研修が有効である。司書教諭向けの研修，学校司書向けの研修だけでなく，両者合同の研修で，両者の専門性の違いを示し，その違いを認識した上で，どのように協働したら良いかを具体的に学べる機会を設けることが重要である。

両者合同の研修では，まず，両者は，学校図書館活用においてそれぞれに必要な専門性に関心を向け両者の違いを示し，次に，両者に必要な専門性と両者が実際に実践している専門性の現状との違いを具体的に挙げ（自己マスタリー，共有ビジョン，システム思考の実践），省察的な対話をしながら現状の職務体制に合った両者の専門性を明らかにする（メンタル・モデル，チーム学習，システム思考の実践）。最後に，明らかにされた現状の職務体制に合致した専門性を基に，両者が納得した上で職務分担を明確にすることである。このように，両者がお互いに５つのディシプリンを総合的に実践することで理解し合い，互いの職務分担を明確にし，学校図書館組織において，両者が合致して業務を実施する。その過程で協働は構築される。なお，学校図書館組織内における両者の研修方法については4.4.2(7)で後述している。

（3）組織文化

学校図書館の組織文化の特徴は，司書教諭と学校司書の異なる職種による暗黙の上下関係と力関係（パワー・ポリティクス）が存在することである。これが，両者の協働構築の阻害要因となっている。パワー・ポリティクスとは，“対人関係や部門間で影響力を競い合うことであり，保有している資源の大きさがその影響の度合いを決めることが多い”と定義されている[113]。

学校図書館組織にこれを当てはめると，資源の多い司書教諭はそれを基にパワーを行使し，資源の少ない学校司書は少ないパワーで自分の思いを実現しようとするため，ポリティクス（駆け引き）が存在する。このような中，学校司書がパワーを得るためには，コミュニケーションを通して司書教諭に意思伝達し，相互理解を進め，両者間に包摂的な関係を生じさせることである。しかし，学校司書は，「非常勤・非正規」という職務体制の特徴から立場が弱くコミュニケーションを控えることも多い。このような状況の中，司書教諭と学校司書におけるパワー・ポリティクスを軽くし，両者が協働を構築するには，両者が省察的な対話（メンタル・モデル，チーム学習，システム思考の実践）を活発に行いやすい組織に変えることである。

まず，両者が心から望む理想の学校図書館に関心を向け，現実の学校図書館との違いを具体的に挙げる（自己マスタリー，メンタル・モデル，システム思考の実践）。次に，それぞれの学校図書館に関する考え方の相違点や類似点をオープンに話し合い，学校図書館に対する見方の違いを注意深く聴き合い，相互に新しい考え方を学び，柔軟に取り入れることである（共有ビジョン，メンタル・モデル，チーム学習，システム思考の実践）。この時に，両者で学校図書館の課題を，学校図書館組織内だけでなく学校図書館組織外である学校組織や教育委員会まで視点を動かし，学校図書館について考えることも大切である（システム思考の実践）。このように，５つのディシプリンを総合的に実践することで，両者の相互理解が進み，包摂的な関係が生じ，パワー・ポリティクスが緩和される。その結果，コミュニケーションが推進され，協働は構築される。

（4）組織の自立及び組織構成員の自律

学校図書館組織の自立及び組織構成員の自律は，学校図書館組織が学校組織に含有されるため，学校組織に依存し影響を受けること，学校図書館の職務体制の不備，教員の学校図書館に関する認識不足があるため，自立，自律は共に不足している。

このようななか，学校図書館組織及び組織構成員の自律を確立するには，学校図書館の職務体制を整え，教員に学校図書館に関する意義や重要性が認識されることである。しかし，職務体制を整えるには制度的・経済的に難しいため，教員に学校図書館に関する意義や重要性が認識されるように学校図書館組織構成員から働きかけることが求められる。

まず，学校図書館組織構成員から教員に対し，学校図書館に関する意義や重要性について省察的な対話をもちかけ（自己マスタリー，共有ビジョン，メンタル・モデル，チーム学習，システム思考の実践），学校図書館活用の意義や重要性を認識してもらうことである。次に，学校図書館活用の方針を両者の合致で決めることが必要である（自己マスタリー，共有ビジョン，システム思考の実践）。

このように，５つのディシプリンを総合的に実践することで，教員に学校図書館に関する意義や重要性が認識され，学校図書館活用の実践が始まり，その実践が積み重ねられるようになる。学校図書館活用の実践が重ねられることで，学校図書館組織の自立及び組織構成員の自律が確立され，両者の協働が構築される。

なお，この過程において，司書教諭は学校及び学校図書館両組織においてリーダーシップを発揮することが重要である。また，教員向けの校内研修を学校図書館において実施し，学校図書館の意義や重要性を教員に伝えることも有効である。なお，学校組織内での学校図書館活用の研修方法については，4.4.1(8)で前述している。

（5）協働パターン

学校図書館組織内の協働パターンは，司書教諭の立ち位置により，均質性協働と専門性協働に変化する（表Ｉ－2）。司書教諭が学校図書館の専門職の立場の時は，均質性協働となり協働は容易であるが，教員の立場の時は専門性協働であり，互いの専門性を理解し合わないと通じないため協働は困難である。その上，学校図書館組織の職務体制は，総じて「兼任・充て職」の司書教諭と「非常勤・非正規」学校司書という限られたものであり，学校図書館に両者が不在のことが多い。そのため，互いの専門性を理解することは非常に困難である。

このようななか，互いの専門性を理解するには，両者で省察的な対話（自己マスタリー，共有ビジョン，メンタル・モデル，チーム学校，システム思考の実践）を行い，相手に対する意識・無意識の固定観念を乗り越え，相互に理解することが重要である。このように5つのディシプリンを総合的に実践することで，両者の相互理解が進み，両者間に協働が構築される。また，両者合同の学校図書館活用に関する研修も有効である。なお，学校図書館組織内の研修方法については，4.4.2(7)で後述している。

（6）経営概念及び組織概念

これまで，学校図書館組織は学校組織内での自立が難しかったこと，学校図書館組織構成員が2人揃うことが困難であったことがあり，学校図書館は組織と捉えられてこなかった。そのため，学校図書館組織構成員には学校図書館の経営概念及び組織概念に関する認識が乏しかった。したがって，学校図書図書館において，組織的運営，協働構築について具体的に議論されることや研究されることは少なかった。

しかし，近年，学校図書館法の改正があり（司書教諭の12学級以上の学校へ配置義務，学校司書の配置の努力義務)，学校図書館組織構成員の職務体制は司書教諭と学校司書の２人体制となり，学校図書館を組織と捉えるようになった。そのため，学校図書館組織構成員は経営概念及び組織概念を研修で学ぶことが必要となっている。なお，学校図書館組織内の研修方法については，以下に記した。

（7）研修における５つのディシプリンの総合的実践方法

学校図書館組織内の研修の課題はさまざまあるが，ここでは司書教諭と学校司書の協働をいかに築くことができるかについて述べる。

まず，両者が心から望む理想の学校図書館に関心を向け，現実の学校図書館との違いを具体的に挙げる（自己マスタリー，メンタル・モデル，システム思考の実践)。次に，省察的な対話を実践し，それぞれの学校図書館に関する考え方の相違点や類似点をオープンに話し合い，互いに新しい考え方を学び，学校図書館に対する見方の違いを注意深く聴き，柔軟に取り入れ，共有ビジョンを構築する。この時に，両者で学校図書館の課題を，学校図書館組織の内部だけでなく外部（学校組織や教育委員会）へ視点を動かし，学校図書館について考えることが大切である（自己マスタリー，メンタル・モデル，共有ビジョン，チーム学習，システム思考の実践)。

以上のように，５つのディシプリンを総合的に実践することにより，両者の相互理解が進み，包摂的な関係が生じ，コミュニケーションが推進され，協働は構築される。なお，ここで示した研修方法は，学校図書館の組織文化であるパワー・ポリティクスの緩和方法と同様である（4.4.2(3))。

4. 4. 3　教員と学校図書館組織構成員間の協働構築における５つのディシプリンの総合的実践方法

Ⅲ章で明らかにされた教員と学校図書館組織構成員間の協働構築方法を，協働における７つの観点（学校組織の職務体制，学校組織の職務分担，教員文化，学校図書館組織の職務体制，学校図書館組織の職務分担，学校図書館組織の自立及び組織構成員の自律，協働のパターン）ごとに５つのディシプリンを総合的に実践する方法を具体的に提示する。

（1）学校組織の職務体制における司書教諭の処遇

学校組織の職務体制における司書教諭の処遇における課題は，業務量の多さ，業務に携わる時間のなさ，司書教諭資格が給与に反映されないことが挙げられる。そのため，司書教諭としてのモチベーションが上がらず，教員支援に消極的になり，司書教諭の教員支援は教員に認識されにくく，教員と司書教諭の協働構築の阻害要因となっている。

このようななか，協働を構築するには，司書教諭を学校組織の要としての職位である主幹教諭・教務主任や学校図書館長に位置づけることである。このことで，司書教諭は学校組織内で認知され，学校組織内でリーダーシップを発揮することが容易になる。さらに，その資格が給与に反映されるようになると，司書教諭のモチベーションは上がり，教員支援に積極的になるだろう。その結果，教員は学校図書館活用における司書教諭の支援に対する認知が進み，学校図書館活用の意欲が喚起され，司書教諭の支援を受けながら学校図書館を活用するようになるだろう。

司書教諭の教員支援の方法は，まず，学校図書館活用の主体である教員の学校図書館活用に関するネガティブな認識を聞き，学校図書館活用に関する認識を教員と共有することである（メンタル・モデル，チーム学習，システム思考の実践）。次に，教員に学校図書館活用を提案する時に，省察的に対話することで（自己マスタリー，共有ビジョン，メンタル・モデル，チーム学習，システム思考の実践），学校図書館活用に対するポジティブな認識を共有する。以上のような教員支援を通じ，教員からの信頼を得，教員の学校図書館活用の支援要望が生じるようになる。つまり，司書教諭をその職務にふさわしい処遇に位置づけることで，司書教諭の教員支援のモチベーションが上がり，教員支援を実施するようになる。司書教諭の支援を受け，教員の支援要望が活発になり学校図書館活用は推進される。以上のような過程を通じて，教員と司書教諭の協働は構築される。

（2）学校組織の職務分担における学校図書館組織の位置づけ

学校組織の職務分担（校務分掌）における学校図書館組織の位置づけの欠如は協働構築の阻害要因となっている。この阻害要因を改善するには，学校組織の職務分担に学校図書館経営組織及び学校図書館運営組織を独立して位置づけることである。学校図書館経営組織には，管理職，教務主任，研究主任，学年主任，司書教諭などを配置し，学校図書館運営組織には，司書教諭，学校司書を配置する。つまり，学校経営と学校図書館経営の連携が密になるような適任者を選ぶことが肝要である。

その上で，学校組織内，学校図書館経営組織及び運営組織内における司書教諭のリーダーシップの発揮が求められる。司書教諭がリーダーシップを発揮する際に，司書教諭にはそれぞれの組織内の人たちとのコミュニケーションとして省察的に対話する能力（自己マスタリー，共有ビジョン，メンタル・モデル，チーム学習，システム思考の実践）が求められる。

さらに，全教員がそれぞれの立場において，学校図書館に関心を持ち，直接・間接に学校図書館運営に参加できる組織体制が確立されることも重要である。つまり，学校図書館運営組織を，教職員や児童生徒の要望や意見が反映される開かれた組織体制にすることである。

以上のように，学校組織に学校図書館経営組織及び運営組織を位置づけ，司書教諭がリーダーシップを発揮し，全教職員がその運営に参加し，開かれた組織体制にすることが求められる。その運営において５つのディシプリンを総合的に実践する過程で教員と学校図書館組織構成員の協働は構築される。

（3）学校組織の教員文化における司書教諭制度

学校組織には，教員以外の専門職の導入を好まない教員文化があり，専門職としての司書教諭が容認されにくい傾向があるため，協働構築の阻害要因となっている。この傾向から脱出するには，教員による司書教諭の有用性の理解と，教員と司書教諭の同僚性の回復が求められる。

司書教諭の有用性の理解には，すべての教職員が何かしら学校図書館の運営に関わること，つまり，組織的な学校図書館運営体制を構築することが有効である。全教職員による学校図書館運営体制を構築することを通し，教員の司書教諭に対する理解が進み，両者の協働は構築される。

一方，教員と司書教諭の同僚性の回復のためには，インフォーマルなコミュニケーションが重要である。教員はその職務の特徴（個業型）から個人主義的傾向が強く，コミュニケーションを取りにくい傾向がある。そのため，教員は問題を抱えたまま他の教員と共有することなくストレスと多忙を抱えていることが多い。これを解決するには，空き時間などで交わされるちょっとした会話で情報交換するインフォーマルなコミュニケーションが有効である[114]。職員会議によるフォーマルなコミュニケーションより，個人的な会話によるインフォーマルなコミュニケーションが人間関係に大きく作用する[115]。インフォーマルなコミュニケーションが教員間の人間関係を開き，同僚性を回復し協働構築へと向かう（4.4.1(3)）。

具体的には，教員と司書教諭は，互いに学校・学級・自分の問題の原因は何なのか自分の考えていることを明らかにし，自身の意識・無意識の固定観念を振り返りながら会話をし，固定観念を変えるきっかけとすることが重要である（自己マスタリー，共有ビジョン，メンタル・モデル，チーム学習，システム思考の実践）。これらの実践を通して，両者の協働は構築される。

（4）学校図書館組織の職務体制

学校図書館組織の職務体制の不備による司書教諭と学校司書の不在が，協働構築の阻害要因となっている。つまり，両者の職務体制の整備（「専任・全校発令」の司書教諭，「常勤・正規」の学校司書）が求められる。しかし，学校図書館組織の職務体制の整備は，教育行政及び学校制度からの予算的な支援が必要であり，実現は困難である。そのため，現状における学校図書館組織の職務体制においても教員と学校図書館組織構成員の協働を構築する方法を考える必要がある。

具体的には，教員と学校図書館組織構成員がコミュニケーションをとる時に，省察的に対話すること（自己マスタリー，共有ビジョン，メンタル・モデル，チーム学習，システム思考の実践），全教員向けの学校図書館活用に関する研修を学校図書館組織構成員が実施することが有効である。この研修の過程において，教員は学校図書館活用の認識を深め，学校図書館活用の実践につながることが期待される。このような実践を通し，教員と学校図書館組織構成員の協働は構築される。なお，教員と学校図書館組織構成員の研修方法については4.4.3(8)で後述しているので参照してほしい。

（5）学校図書館組織の職務分担

学校図書館組織における司書教諭と学校司書の職務分担が曖昧なことは協働構築の阻害要因となっている。そのため，両者の専門性と職務内容を明らかにし，職務分担を明確にすることが求められる。しかし，両者の職務分担は，資格制度の在り方が異なるため（司書教諭は資格制度あり，学校司書は資格制度なし），両者の専門性と職務内容を明確にすることは難しく，教員と学校図書館組織構成員間の協働構築の阻害要因となっている。この阻害要因を解消するには，学校司書の資格制度を確立し，専門性と職務内容を明らかにすることが求められるが，学校司書の資格制度の実現は難しい（4.4.2(2)）。そのため，本研究では，現状の資格制度を基に論考する。

以上のように，学校図書館組織の職務分担が明確でないなか，教員と学校図書館組織構成員が協働するには，各学校において，学校図書館組織構成員の職務分担を曖昧ながらも各学校図書館の現状に即したものを示し，教員に認知されるようにする必要がある。そのためには，学校図書館組織構成員の職務内容が明らかになる研修を，教員と学校図書館組織構成員で実施することである。なお，教員と学校図書館組織構成員の研修方法については4.4.3(8)で後述しているので参照してほしい。

（6）学校図書館組織の自立及び組織構成員の自律

学校図書館組織の自立及び組織構成員の自律は乏しい現状であり，協働構築の阻害要因である。その要因は，学校図書館組織が学校組織に含有されており，学校組織に依存し影響を受けること，学校図書館の職務体制の不備による学校図書館組織構成員の不在，教員の学校図書館に関する認識不足が挙げられる。

これらの阻害要因を改善する方法は，学校と学校図書館両組織内で司書教諭がリーダーシップを発揮して教員へ学校図書館活用に関して積極的に発信することである。司書教諭が学校図書館活用に関する方法や意義・重要性を積極的に発信することで，教員の学校図書館及び学校図書館組織構成員に対する認知が促され，教員は学校図書館活用の実践を積み上げていく。その結果，学校図書館の機能（図０-１）は発揮され，学校図書館組織は活性化され，学校図書館組織の自立及び学校図書館組織構成員の自律が得られるようになる（4.4.2(4)）。

まず，司書教諭は，児童生徒の学習状況やどのような学習を児童生徒にさせたいのかを教員と省察的な対話をし，両者で共通の認識を持つ（自己マスタリー，共有ビジョン，メンタル・モデル，チーム学習，システム思考の実践）。次に，司書教諭は教員との共通の認識を基に，教員の教育課程の編成に関わり，学校図書館の機能や意義・重要性を伝え，どの単元で学校図書館を活用すれば，教員の望む教育的な効果が上がるかを省察的に対話する（メンタル・モデル，チーム学習，システム思考の実践）。このように，司書教諭は教員に学校教育における学校図書館活用に関する多くの情報を積極的に発信することが重要である。

一方，学校図書館組織において，司書教諭は，教員との省察的な対話で得られた学校図書館活用に関する情報や教員のニーズを５つのディシプリンを総合的に実践して学校司書と共有することも大切である。これらの実践を通して，教員と学校図書館組織構成員間の協働は構築される。

（7）教員と学校図書館組織構成員間の協働パターン

教員と学校図書館組織構成員間の協働パターンは，司書教諭の立ち位置により協働パターンが変化し複雑である（表Ⅰ-2）。中でも，司書教諭が学校図書館の専門職としての立場の時の教員との協働は専門性協働であり，協働構築の阻害要因となっている。この阻害要因を解消するには，両者が互いに理解し合うためのコミュニケーションの推進が鍵となる。そのためには，教員と学校図書館組織構成員（司書教諭と学校司書）の三者合同の研修の導入が有効である。なお，教員と学校図書館組織構成員の研修方法について以下に述べる。

（8）教員と学校図書館組織構成員の研修における５つのディシプリンの総合的実践方法

教員と学校図書館組織構成員の協働は，学校図書館を活用する主体は教員であるため，教員の学校図書館活用のニーズがなければ始まらない。そのため，教員と学校図書館組織構成員の研修の課題は，いかに教員の学校図書館活用のニーズを高めることができるかである。教員のニーズを高めるには，教員に，「学校図書館活用の方法，意義や重要性等」を伝える研修が有効である。

このような研修を企画する時のテーマは「学校図書館組織構成員は教員の学校図書館活用のニーズをどうしたら得られるか，どのように高められるか」を考慮したものが求められる。そのためには，研修参加者である教員も学校図書館組織構成員も共に学ぶ演習型・双方向型（参加型）の研修を計画・実践することが重要である。しかし，研修の現状は，学校外部の講師から「学校図書館活用の方法，意義や重要性等」を教員と学校図書館組織構成員が聞くだけの講義型の一方向的な研修に止まっていることが多い。一方向的な講義型の研修では，教員の学校図書館活用のニーズを教員が自ら高める研修には至らないだろう。その上，教員の学校図書館活用のニーズを学校図書館組織構成員が知ることも叶わないだろう。

そこで，教員と学校図書館組織構成員合同の研修における５つのディシプリンの総合的実践方法を具体的に示す。まず，教員と学校図書館組織構成員は，学校図書館活用に対して自分自身が心から望む個人的なビジョンを明らかにし，そのビジョンと現状との乖離から課題を明確にすることである（自己マスタリー，共有ビジョン，メンタル・モデル，チーム学習，システム思考の実践）。次に，学校図書館活用についてそれぞれが信じていることは何か，学校図書館活用の成果は学校教育にどう関わるか，学校図書館活用は全ての教科，教材を横断的に検討できるか，学校図書館活用を児童生徒に教えるには何をどのようにするか，教員研修を最善の形で実施するにはどうすれば良いのか，教員と学校図書館組織構成員は学校や学校図書館をどう認識しているかなど個人の考え（思い込み，意識・無意識の固定概念）やニーズを知ることである（自己マスタリー，メンタル・モデル，システム思考の実践）。

なお，教員は自分の信じていることから足を踏み出すことに消極的な傾向があるため，研修では，教員と学校図書館組織構成員で注意深く，省察的な対話を続け，学校図書館をどのように活用し，どのように授業に展開させていくかの教員のニーズを参加者全員で生み出すような話し合いを持つことが重要である（自己マスタリー，共有ビジョン，メンタル・モデル，チーム学習，システム思考の実践）。

以上のような研修は，教員と学校図書館組織構成員のコミュニケーションの不足を超え，「学校教育に学校図書館をどう活用し，児童生徒をどう伸ばしたいか，そのためにはどのような支援が必要かなど」について，省察的に対話しあえるプロセスを提供する有効な場となる。教員と学校図書館組織構成員は，既に個人の持っている学校図書館活用についての知識を共有し，議論し，新しい情報を研修で得，それを教育現場で実践する。その実践後，学校教育における学校図書館活用の貢献について検証し，比較し，評価し，次の研修につなげる。これらのことをスパイラルに続けていくことで，研修は一過性のものでなく継続性のあるものとなり，学校及び学校図書館両組織内で引き継がれていく[116]。

さらに研修の最後には，参加した教員が教育現場に戻った時に，この研修で得たものの中で何を実践しようとするかニーズを尋ねておき，教員が現場に戻った時，実際に学校図書館活用の何に取り組み始めたかを評価することが重要である。この時の評価は，目標に基づく評価だけに捉われず，研修で出てきたさまざまなニーズに対して評価するゴール・フリーの評価を実施し（4.4.1(5)参照），研修の成果を判断する。数か月たっても何も起こらなかった場合は永遠に何も起こらないと推察される。つまり，その研修は失敗に終わったということである[117]。

さらに，研修は，教育委員会や学校で行われる研修を教員と学校図書館組織構成員が受動的に受けるものではなく，教員と学校図書館組織構成員が主体的に学ぶものであるという認識を持つことが重要である。

学校図書館活用の研修が機能することで，学校教育における学校図書館活用の方法，意義や重要性の認知・共有が教員に促され，学校図書館活用に取り組むようになる。その結果，教員から学校図書館組織構成員に対して学校図書館活用の支援の提供，つまり，協働が求められるようになる。すなわち，研修が機能することにより学校図書館活用に対する教員のニーズが喚起され，教員から学校図書館組織構成員に対し適切で質の高い専門的な支援が求められるようになる。教員が学校図書館組織構成員から適切で質の高い専門的な支援を体験すると，その後，意欲的に学校図書館活用に取り組むようになり，教員の学校図書館活用はスパイラルに続くことになる。5つのディシプリンを総合的に実践した研修の過程を経ることで研修が機能し，両者の協働構築は推進される。

なお，司書教諭の処遇が「主幹教諭，教務主任，図書館長」として学校組織内に位置づけられていると，研修の機能はより向上する（4.4.3(1)）。つまり，司書教諭が「主幹教諭，教務主任，図書館長」として位置づけられることで，司書教諭のモチベーションが上がり（4.3.3(1)），教員は司書教諭の存在を認知しやすくなるため，学校組織内で司書教諭はリーダーシップを発揮することになり，司書教諭への支援依頼につながる。この教員支援と同時に，司書教諭は学校図書館組織内において学校司書と協働し，そして，教員と学校司書をつなげるようになる。つまり，教員・司書教諭・学校司書の協働構築の推進力となる。

（9）「授業研究」における５つのディシプリンの総合的実践方法

日本の学校で頻繁に実施されてきた「授業研究」も教員と学校図書館組織構成員の協働構築に有効である。教員の「授業研究」において，教員と学校図書館組織構成員の協働を構築するには，以下のようなことに留意する必要がある。

まず，「授業研究」における単元計画を授業実践者である教員個人のみが考えるのではなく，学校図書館組織構成員と共に省察的に対話し，意見を出し合うことで作成し，その単元計画を両者の共有財産にすることである（自己マスタリー，共有ビジョン，メンタル・モデル，チーム学習，システム思考の実践）。次に，この「授業研究」を実践し，最後に，その授業評価では，実践した教員を評価する場とするのではなく，教員と学校図書館組織構成員で作成した単元計画がうまくいったのかいかなかったのかを検証する場とすることが大切である。つまり，「授業研究」の評価を，授業を実践した教員個人の評価とするのではなく，「授業研究」を共に考えた両者の評価とすることが重要である。このような「授業研究」を蓄積していくことで，両者の協働は構築される。このような実践が学校や学校図書館の習慣や伝統（学校文化，学校図書館文化）となっていれば（組織学習），教員や学校図書館組織構成員の異動があったとしても「授業研究」における協働構築の学びは継続される。

4.5　学校図書館活用を組織論で考える：教員・司書教諭・学校司書の協働構築

本章では，組織的な取り組みで協働を構築する方法を提案するために，学校組織に合致した協働構築のための組織論としてセンゲの「学習する組織論」を選択し（研究4），その組織論を枠組みに，Ⅲ章で明らかにされた協働構築方法を協働の観点ごとに具体化し，提示した。

センゲの「学習する組織論」は，協働を構築する方法を以下のように論じている。協働を構築するには，その組織構成員に志を育成する能力，省察的に対話する能力，複雑性を理解する能力の3つのコア・コンピタンス（学習能力）が求められる。この3つのコア・コンピタンスを育成するには，5つのディシプリン（自己マスタリー，共有ビジョン，メンタル・モデル，チーム学習，システム思考）を総合的に実践することとしている。

学校と学校図書館両組織構成員間の協働構築における阻害要因を抑制し協働を構築する方法は，両組織構成員一人ひとりがこの5つのディシプリンを総合的に実践し，自身の「思考様式」を変え，「行動様式」を変革することである。これが「個人学習」である。この「個人学習」が組織内で実践され，組織内に波及することで，「個人学習」は他の人と分かち合うことになり「組織学習」が形成される。学校と学校図書館両組織において，この過程を辿ることで教員と学校図書館組織構成員の協働が構築され，両組織は「学習する学校」と「学習する学校図書館」となる。

「学習する学校」と「学習する学校図書館」が構築されることで，学校は以下に示すような6つの成果が期待されるとセンゲは述べている。第一に，学校組織内（教員と専門職）と学校図書館組織内（司書教諭と学校司書）における組織構成員間の風通しが良くなり，オープンに話し合う文化が両組織内に浸透し，よく考え・よく聴き・よく話すことが習慣化している。第二に，このように習慣化された思考様式，行動様式により，組織の目的・ビジョン・価値観が両組織構成員に共有されている。第三に，チーム及び組織全体における最適化への取り組みが両組織構成員により主体的・自律的に行われている。第四に，両組織構成員は，教育環境の変化をいち早く察知し，迅速・柔軟に対応しながらもその主となる組織の独自性が保持されている。第五に，高いチーム力が発揮され，それぞれがやりがいを感じて働いている。第六に，「学習する組織」の構築は，チームや組織文化，個人間のコミュニケーションを改善するだけでなく，財政的・戦略的な動向にも大きな効果をもたらすことが期待できる[118]。この第六の成果は，学校組織（学校図書館組織も含む）の一番の課題でありながら，財政的な面で実現の難しい課題である「職務体制の整備」の実現を可能とし，「学校図書館活用の推進」にとり大きなメリットとなる。

現在，「学校教育の目的」は，教員が既知の知識を「児童生徒に与える」こと，つまり，知識の伝達ではなく，「生きる力」の育成へと転換することが求められている。その実現には，教育方法，学習方法を構成し直すことが重要である。そのためには，学校教育の主役である児童生徒は，誰かが作ったカリキュラムを受け取るだけの存在ではなく，自らの学習に責任を持つことを学ぶ必要がある。つまり，児童生徒は自身の現実のコミュニティにおける複雑な課題に取り組み，相互につながり合う多様な利害関係者と関わり，多くの人との関係性を築いていくことが求められる。この関係性を築いていく過程，つまり，協働構築の過程を通して，児童生徒は，自身の感受性を磨きながら，相互依存的な世界の中で能動的な主体となっていくのである[119]。

このような児童生徒を支援することが教員や学校の役割であり，「学校教育の目的」である。この「学校教育の目的」を達成するには，教員自身が学校教育に責任を持ち，自ら「学習」を実践することで，思考停止を脱し，思考様式を変え，行動様式を変革し，学校組織内外の人と多様な協働関係を構築していくことが求められる[120]。

以上のように考えると，学校組織内外における多様な協働関係の構築は，学校組織の存在意義でもある。つまり，学校組織構成員（学校図書館組織構成員も含む）の協働関係をどのように構築するかは学校組織の課題である。すなわち，学校組織の課題を改善するには学校組織内外における多様な協働構築が鍵となることが理解できる。

4.6 協働構築方法の実践における注意事項

学校及び学校図書館両組織の状況，つまり，学校規模の大小，学校経営方針，教職員・児童生徒・地域の実情は，一律ではなく固有である[121]。そのため，すべての学校に適合する協働構築方法や，まるごと適用できる協働構築方法を提言することはできない。したがって，本書で示した協働構築方法を，ただ単に実践することは，固有な学校の状況に応じた課題改善の方法を見失うことになる。そのため，各校固有な状況に応じた各校独自のやり方で，本書で示した協働構築方法をカスタマイズすることが求められる。

たとえ，学校組織の状況が，学校図書館の整備（人・資料・施設）や学校図書館活用に対し多くを望みえないとしても，全教職員参加の「研修」の実施で全教職員の学校図書館活用に関する共通理解を図ること，多くの教員が学校図書館運営に関わる体制を作ること，司書教諭や校長が学校図書館に関するリーダーシップを図ることなどの工夫をし，それぞれの学校で，「自分たちの学校図書館」を創造することは可能である。

さらに，学校図書館組織の状況に応じ，司書教諭がリーダーシップを発揮しやすいように学校組織内での処遇を「主幹教諭，教務主任，学校図書館長」の職位に位置づけることも有効である。このことで，司書教諭のモチベーションが上がり，教員支援に積極的になり，教員に司書教諭の認知が進み，学校図書館活用につながる。これによって，司書教諭は学校図書館活用に対する教員のニーズを把握しやすくなることが期待できる。また，教員の支援時に司書教諭は，教員の学校図書館活用に対する抵抗感（面倒くさい，時間がない，活用方法が分からない等）に対し，教員であるという同じ立場で理解し，教員の立ち位置から支援していくことが大切である。

4.7 学校図書館組織構成員による教員支援方法における注意事項

学校図書館活用における学校図書館組織構成員による教員支援の方法は，教員が学校図書館活用の自律的な実践者になることを目指したい。そのような教員支援の一つに，プロセスコンサルテーションという方法がある。

プロセスコンサルテーション　一般的な支援は，支援を求める人に対し課題解決に向けた具体的なアドバイスを直接行うことが多い。一方，プロセスコンサルテーションは，支援を求める人が自ら考え行動できるような支援，つまり，自律した実践者となるまでのプロセスに同行した間接的な支援を実施する方法である。プロセスコンサルテーションは**エドガー・シャイン**（Schein, Edgar H., →165）が示した人的システム（human system）であり，個人及び組織を支援するための方法論である。

シャインは，プロセスコンサルテーションを，“支援する人が，支援を求める人との関係性を築くことによって，支援を求める人が自身の内部や外部環境において生じている出来事のプロセスに気づき，理解し，それに従った行動ができるようになること。つまり，プロセスコンサルテーションは，人と人との相互理解のプロセスに焦点を当て，互いに相手を受け入れ，互いの関係を維持し，深めることが不可欠のプロセスである”[122]と定義している。

すなわち，プロセスコンサルテーションは，協働における人と人の相互理解の仕方や関係性の築き方の方法論である。これは，センゲの「学習する組織論」の協働構築の理論と合致する。

支援を求める人は，組織内で課題を抱えており，その課題の複雑さを知っており，所属する文化において，何が上手くいきそうかを知っていることが前提となる。つまり，支援を求める人は，自分たちが行う改善方法を深く考えてみるようにならない限り，彼らが改善方法を実行に移すことは期待できない。そのため，支援を求める人と支援者は，共に支援を求める人の組織の状況を観察し，組織の課題は何なのかを見極め，適切な改善方法を共に深く考え，共に実行することを目指すことが求められる。特に，支援者は，支援を求める人が組織文化の中で，何が改善方法に有効であるかを自身で見い出せるように支援することが大切である。

以上のような支援は，まず，支援者と支援を求める人が支援を求める人の課題や状況の改善方法を自ら深く考え，実行できるように，両者がチームとして協働できるような関係性を構築することが重要である[123]。

なお，有効な支援の関係性を築くには，支援者から働きかける必要があり，支援者がまず，変わる必要がある。それには，支援者が以下の３つの段階を踏むことである。第一に，組織の状況に内在する組織構成員の無知を取り除くこと，第二に，初期段階において，組織構成員間の立場上の格差を縮めること，第三に，組織構成員に認識された課題にとり，どのような支援が最適なのか見極めることである[124]。

学校図書館活用におけるプロセスコンサルテーション　シャインのプロセスコンサルテーションを，学校図書館活用における教員支援に当てはめてみると，支援者は，学校図書館組織構成員であり，支援を求める人は教員である。支援者である学校図書館組織構成員は，支援を求める教員を理解する方法，教員との付き合い方を知ることが大切である。有効な支援関係の構築には，学校図書館組織構成員から教員に働きかける必要があり，学校図書館組織構成員自身が変わる必要がある。

そのためには，まず，学校教育，学校図書館活用，学校組織，学校図書館組織の状況に内在する両者の無知を取り除くこと，すなわち，それらのことを共通理解することである（自己マスタリー，共有ビジョン，システム思考の実践）。次に，初期段階における学校図書館組織構成員と教員の立場上の格差（パワー・ポリティクス：4.4.2(3)）を省察的に対話することによって緩和することである（自己マスタリー，共有ビジョン，メンタル・モデル，チーム学習，システム思考の実践）。最後に，これらのことを鑑み，教員の学校図書館活用における課題に対し，どのような支援が最適なのか見極めることである（自己マスタリー，共有ビジョン，メンタル・モデル，チーム学習，システム思考の実践）。

さらに，学校図書館組織構成員が教員を適切に支援するには，教員だけでなく専門職も含めた全ての学校組織構成員との多様な支援関係を築くことも重要である。多様な支援関係を築くに当たり，学校図書館組織構成員は学校図書館活用のスキルに磨きをかけること（自己マスタリーの実践：自己研鑽）と省察的なコミュニケーションのスキルを進歩させることが求められる（自己マスタリー，共有ビジョン，メンタル・モデル，チーム学習，システム思考の実践）。

協働構築における７つの原則と学校図書館活用　シャインは，真の協働関係を築く７つの原則を以下のように示している[125]。第一に，支援者も支援を求める人も準備ができている時に効果的な支援が生じる。つまり，教員が学校図書館活用に関する支援の必要な時及び，学校図書館組織に支援の準備ができている時に，効果的な支援が生じる。第二に，支援関係が公平なものだとみなされた時，効果的な支援が生まれる。つまり，教員と学校図書館組織構成員に暗黙の上下関係（パワー・ポリティクス）がある時には，その緩和が求められる。第三に，支援者が適切な支援の役割を果たしている時，支援は効果的に行われる。つまり，学校図書館組織構成員には教員のニーズに即した適切な支援の役割を果たすことが求められる。第四に，支援者の言動すべてが人間関係の将来，協働構築を決定づける介入である。つまり，学校図書館組織構成員の思考様式と行動様式（自己マスタリー，共有ビジョン，メンタル・モデル，チーム学習，システム思考の実践）のすべてが両者の協働構築を決定する介入である。そのため，学校図書館組織構成員には思考様式を変え，行動様式を変革すること（自己マスタリー，共有ビジョン，メンタル・モデル，チーム学習，システム思考の実践）が求められる。第五に，支援者の純粋な問いかけから始めることで効果的な支援が生じる。つまり，学校図書館組織構成員から教員へ学校図書館活用に関する純粋な問いかけから始めることが大切である（メンタル・モデル，チーム学習，システム思考の実践）。第六に，課題を抱えている当事者は支援を求める人である。つまり，学校図書館組織構成員は教員自身が抱えている学校図書館活用に関する課題を心から理解する必要がある（自己マスタリー，共有ビジョン，メンタル・モデル，チーム学習，システム思考の実践）。第七に，すべての回答を得ることはできない。つまり，教員も学校図書館組織構成員も学校図書館活用における教員の課題のすべてに回答を得ることも与えることはできないことを自覚しておく必要がある。

支援者である学校図書館組織構成員は，以上のことを考慮しながら，支援を求める人である教員との真の支援関係（協働関係）を５つのディシプリンを総合的に実践しながら築いていくことが重要である。

本章の人名解説（出現順）

チェスター・バーナード（Barnard, Chester I. 1886-1961）

バーナードは，近代的組織理論の創始者であり，組織と管理に関する理論を展開した。特に組織が個人に与える誘因と個人の組織に対する貢献との間にバランスが必要であるという組織均衡論で著名である。主著は，*The Function of the Executive*. 1938（邦訳『経営者の役割』），*Organization and Management*. 1948（邦訳『組織と管理』）である。組織概念を「２人以上の人々の意識的に調整された活動ないし諸力のシステム」と定義した。「活動及び活動の連結が組織」という人でも資本でもない組織の見方を示した。

クリス・アージリス（Argyris, Chtis 1923-2013）

アージリスは，組織と個人の関係に関する研究に専念したアメリカの組織行動論研究者である。人間－資源アプローチをとり，人間のパーソナリティの成長に関する未成熟－成熟モデルを提唱した。現代の組織は，メンバーが本来持っている成長や自己実現の欲求を満たすように組織の構造を変革しなくてはならないと主張した。主著は，*Personality and Organization*. 1957（邦訳『組織とパーソナリティ』），*Integrating the Individual and the Organization*. 1964（邦訳『新しい管理社会の探究』）である。ソルボンヌ大学，ケンブリッジ大学，エール大学の講師・教授を歴任。コンサルタントとしても著名である（国立科学財団，フォード財団等）。

ウィリアム・エドワーズ・デミング（Deming, William E. 1900-1993）

デミングは，品質管理の第一人者である。1947年，米国政府から占領政策上の官庁統計指導のために日本へ派遣された。その後，日本において品質管理意識が高まり，1950年に再来日し，日本科学技術連盟などによる品質管理（QC：Quality Control）講習会で熱心に指導した。これは，日本の品質管理が本格化するきっかけとなった。1951年，日本科学技術連盟はデミングの貢献を記念し「デミング賞」を制定した。これらのことにより，日本の工業標準化や管理技術全般が進展し，工業製品の品質は飛躍的に向上することになった。デミングの考え方であるデミング・サイクル（PDCA）は広く日本に定着した。

エドガー・シャイン（Schein, Edgar H. 1928-2023）

シャインは，アメリカの社会心理学者である。組織論の研究者でもあり「組織心理学」を開拓した。初期には洗脳の研究で注目されたが，経営学の分野に転じて以降，プロセスコンサルテーション及び，組織開発論，組織文化とリーダーシップの関連，組織学習と組織改革など多様な領域で研究を重ねてきた。組織研究における臨床アプローチの提唱者でもある。主著は，*Organizational Culture and Leadership*. 1985（邦訳『組織文化とリーダーシップ』），*Process Consultation Revisited*. 1999（邦訳『プロセスコンサルテーション』）である。

注・引用文献

1：塩次喜代明，高橋伸夫ほか．経営管理　新版．有斐閣アルマ，2009，p. 42.
2：田尾雅夫．よくわかる組織論．ミネルヴァ書房，2010，p. 2-3.
3：桑田耕太郎，田尾雅夫．組織論　補訂版．有斐閣アルマ，2010，p. 374-380.
4：前掲1，p. 45.
5：前掲2，p. 4.
6：関本浩矢．入門組織行動論　第2版．中央経済社，2017，p. 3-4.
7：小島邦宏，天笠茂編．学校の組織文化を変える：教師の意識変革と組織の再設計．ぎょうせい，2001，p. 148.
8：前掲7.
9：キャロル・ケネディ．マネジメントの先覚者．ダイヤモンド・ハーバード・ビジネス編集部訳．ダイヤモンド社，2000，p. 7-11.（原著　Kenedy, Karol. Guide To Management Gurus. Random House UK，1993，192p.）
10：枝廣淳子．小田理一郎．もっと使いこなす「システム思考」教本．東洋経済新聞社，2010，p. 19.
11：クリス・アージリス．「ダブル・ループ学習」とは何か：シングル・ループ学習では組織は進化しない．有賀裕子訳．ハーバード・ビジネスレビュー．ダイヤモンド社．2007，vol. 35，no. 2，p. 102-103.
12：Senge, Peter M. The Fifth Discipline : The Art and Practice of the Learning Organization. New York : Doubleday Business, 1990, 432p.
13：ピーター・センゲほか．フィールドブック：学習する組織「5つの能力」企業変革をチームで進める最強ツール．柴田昌治監訳，牧野元三訳．日本経済新聞社，2003，p. 41.（原著　Senge, Peter M. The Fifth Discipline Fieldbook : Strategies and Tools for Building a Learning Organization. Currency Doubleday，1994，539p.）
14：ピーター・M・センゲ，ネルダ・キャンブロン=マッケイブほか．学習する学校：子ども・教員・親・地域で未来の学びを創造する．リヒテルズ直子訳．英治出版，2014，p. 235-240.
15：ピーター・M・センゲ．最強組織の法則：新時代のチームワークとは何か．守部信之ほか訳．徳間書店，1995，p. 165.
16：前掲6，p. 153-154.
17：経営学史学会編．“センゲ（Senge, Peter M.）”．経営学史事典：経営学史学会創立20周年記念　第2版．文眞堂，2012，339p.
18：MIT スローンに掲載されているセンゲの紹介文より抜粋した。https://mitsloan.mit.edu/faculty/directory/peter-m-senge，（参照2022-05-06）.
19：Demming, William E. デミング博士の経営システム論：産業・行政・教育のために．NTT データ通信品質管理研究会訳．NTT 出版，1996，p. 2-3，106.
20：ピーター・M・センゲ．学習する組織：システム思考で未来を創造する．枝廣淳子，小田理一郎ほか訳．英治出版，2011，p. 23-26.

21：前掲15，p. 26-38.
22：前掲13，p. 4.
23：前掲20，p. 3.
24：佐伯胖，藤田栄典，佐藤学．学びへの誘い．東京大学出版会，1995，p. 30.,（シリーズ学びと文化１）.
25：前掲20，p. 14.
26：ピーター・センゲほか．フィールドブック：学習する組織「10の変革課題」なぜ全社改革は失敗するのか？．柴田冒治，スコラ・コンサルト監訳，牧野元三訳．日本経済新聞社，2004，p. 30.（原著　Senge, Peter M，Kleiner, Art．The Dance of Change : The challenges to sustaining momentum in learning organizations．Currency，1999，608p.）
27：前掲14，p. 50.
28：前掲14，p. 119-120.
29：前掲14，p. 122-123.
30：小田理一郎．「学習する組織」入門：自分・チーム・会社が変わる持続的成長の技術と実践．英治出版，2017，p. 47-49.
31：前掲14，p. 123.
32：前掲30，p. 51.
33：ディシプリン（Discipline）の語源は，「学習する」という意味のラテン語ディシプリナ（Disciplina）である。本書では「学習方法」と捉える。前掲20，p. 45.
34：前掲20，p. 45-46.
35：前掲14，p. 20-22.
36：前掲10，p. 37.
37：前掲15，p. 85-87.
38：前掲13，p. 61-62.
39：前掲20，p. 44-45.
40：前掲14，p. 20.
41：前掲14，p. 123-130.
42：前掲20，p. 194.
43：前掲20，p. 40-41.
44：前掲14，p. 20.
45：前掲14，p. 20.
46：前掲14，p. 142.
47：前掲30，p. 282.
48：前掲20，p. 281-286.
49：前掲20，p. 41.
50：前掲10，p. 13.
51：前掲20，p. 317.
52：前掲14，p. 21.
53：前掲20，p. 334-335.
54：前掲20，p. 324.

55：前掲30, p. 221.
56：W・エドワーズ・デミング. デミング博士の新経営システム論：産業・行政・教育のために. NTTデータ通信品質管理研究会訳. NTT出版, 1996, p. 184-186.
57：前掲20, p. 123.
58：前掲10, p. 2.
59：前掲14, p. 196-197.
60：システム（system）とは, 一般的に, 全体を構成する個々の部分が, 共通の目的のもとで統一的, 有機的に機能する時, その全体のことをいう。システムは, 多くの要素から構成される複合体であり, 全体として一つもしくは複数の目標（目的）を持っており, 下位目標を持ったサブ・システムを構成しており, 諸要素が下位目標及び全体の目標を達成するために相互作用しあっている。東洋, 奥田真丈ほか. 学校教育辞典. 教育出版, 1992, p. 186-187.
61：前掲30, p. 116.
62：前掲20, p. 47-48.
63：前掲20, p. 220-221.
64：前掲14, p. 120.
65：前掲13, p. 61-62.
66：『行政改革（Reinventing Government)』の邦訳版が日本能率協会マネジメントセンターから刊行されたことがきっかけに日本に広まった。上山信一. ニュー・パブリック・マネジメント（NPM）とわが国の行政改革：行政学のバージョンアップに向けて. 年報行政研究. 2004, vol. 39, p. 70-80.（原著　Osborn, David. Reinventing Goverenment. Basic Books, 1992, 432 p.）
67：宮﨑文彦. 日本におけるNPM：「公共性」の観点からの再評価. 現代の図書館. 2013, vol. 51, no. 3, p. 119-125.
68：大住壮志郎. 価値創造のためのパブリック・マネジメント. 関東学院大学経済経営研究所年報. 2012, vol. 34, p. 1-11.
69：田尾雅夫. 公共経営論. 木鐸社, 2010, p. 191-194.
70：前掲69, p. 374-376.
71：浜田博文. 組織構造論. 大塚学校経営研究会, 2000, p. 11-18.,（現代学校経営論：大塚学校経営研究会25周年誌).
72：C・I・バーナード. 経営者の役割：その職能と組織. 田杉競訳. ダイヤモンド社, 1961, p. 89-103.
Barnard, Chester I. The Functions of the Executive. Harvard University Press, 1971, 334p.
73：佐古秀一. 学校組織に関するルース・カップリング論についての一考察. 大阪大学人間科学部紀要. 1986, vol. 12, p. 140.
74：佐古秀一. 学校の内発的改善力を支援する学校組織開発の基本モデルと方法論：学校組織の特性をふまえた組織開発の理論と実践. 鳴門教育大学研究紀要. 2010, vol. 25, p. 130-140.
75：前掲71, p. 14.

76：佐古秀一，曽余田浩史．学校づくりの組織論．小島弘道監修．学文社，2011，p. 182-183.，（講座現代学校教育の高度化12）．
77：前掲76，p. 35-36.
78：前掲14，p. 31-67.
79：北澤毅．〈教育〉を社会学する．学文社，2011，264p.
80：前掲14，p. 11.
81：前掲14，p. 44-49.
82：佐古秀一．教頭職の位置と教頭研修の課題：教頭職の「学びなおし」と研修の在り方．日本教育経営学会紀要，2017，vol. 59，p. 148-151.
83：佐古秀一，大林正史ほか．学校マネジメント研修におけるリフレクション喚起型事例検討の展開過程と効果に関する実践研究：学校マネジメントに関する既有概念，準拠枠に対する問い直しに焦点を当てた事例検討の実践．鳴門教育大学紀要．2016，vol. 31，p. 99-110.
84：市村淳子．省察的問いを通じてアクティブラーナーを育成する小学校の組織開発に関する一考察：アクションラーニングによる対話アプローチを通して．京都教育大学絵大学院連合教職実践研究科年報．2017，vol. 6，p. 11-112.
85：勝野正章．“教師の職務の公共性と専門家としての責任”．佐藤学，秋田喜代美ほか編．学びの専門家としての教師．岩波書店，2016，p. 227-243.，（岩波講座　教育変革への展望４）．
86：「学びの共同体」の学校改革では，教師の同僚性の構築が授業研究の重要な課題である。授業研究では，教師が授業の実際を「私」という一人称で自らの経験を語る中で，自らのアイデンティティと教育の関係を作り出すことができる。つまり，教師は，「私」の言葉で語ることにより学習指導要領などの意味を知り授業研究を豊かにし，同僚性も構築される。浅井幸子．“教師の教育研究の歴史的位相”．佐藤学，秋田喜代美ほか編．学びの専門家としての教師．岩波書店，2016，p. 35-64.，（岩波講座教育変革への展望４）．
87：前掲14，p. 44-50.
88：前掲14，p. 130-138.
89：前掲14，p. 143-153.
90：有本昌弘．徐程成．システム思考による構内研修の実践の可視化：秋田市立築山小学校の事例研究をとおして．東北大学大学院教育学研究科研究年報．2016，vol. 64，no. 2，p. 193-211.
91：Senge, Peter M. The Fifth discipline：最強組織の法則．守部信之ほか訳．徳間書店，1995，p. 225.
92：小島弘道編．時代の転換と学校経営改革：学校のガバナンスとマネジメント．学文社，2007，p. 240-241.
93：前掲14，p. 182.
94：前掲20，p. 317.
95：前掲14，p. 184-186.
96：前掲14，p. 607.

97：前掲14，p. 121-123.
98：前掲14，p. 411.
99：前掲14，p. 51.
100：中村香．学校における「学習する組織」化の意義とそのプロセス：School That Learn に注目して．お茶の水女子大学生涯学習実践研究．2007，vol. 6，p. 99.
101：前掲14，p. 236-240.
102：浜田博文．学校を変える新しい力：教師のエンパワーメントとスクールリーダーシップ．小学館，2012，p. 118-121.
103：前掲７，p. 64-65.
104：山本裕子，浅田匡ほか．教育の捉えた学校組織の課題の同定：総合選択制高校における事例研究．日本教育工学会論文誌．2007，vol. 30，no4，p. 409-418.
105：渕上克義．学校組織の人間関係．ナカニシヤ出版，1994，p. 54-63.
106：土屋基規．現代教育制度論．ミネルヴァ書房，2011，p. 124-125.
107：根津朋実．ゴール・フリー評価によるカリキュラムの「意図せざる結果」の解明に関する理論的検討．学校教育研究．1999，vol. 14，p. 134-147.
108：前掲14，p. 20.
109：前掲14，p. 868.
110：前掲73，p. 254.
111：白岩博明．「チームとしての学校」の実現に求められるもの：同僚性と学校のマネジメントの相関において．広島工業大学教育紀要．2018，vol. 17，p. 53.
112：学校図書館の整備充実に関する調査研究者会議．“学校図書館ガイドライン”．これからの学校図書館の整備充実について（報告）．文部科学省，2016，p. 27-29.
113：前掲２，p. 142-143.
114：前掲105.
115：前掲106.
116：前掲14，p. 601-609.
117：前掲14，p. 601-606.
118：前掲30，p. 29-30.
119：前掲14，p. 860.
120：前掲６.

121：学校の実態・状況：１．各学校の特徴，２．教員や専門職の状況，３．児童生徒・保護者の状況，４．各学校を取り巻く地域社会の環境等により学校の状況，組織の状況は大きく左右される。以下に詳しく述べる。

１．各学校の特徴（学校段階：小学校，中学校，学校規模：小規模校・大規模校，施設・設備状況，経営方針）。
- 学校の施設状況に応じ，たとえ設備に多くを望みえなくとも，経営の仕方に工夫を凝らし，それぞれの学校が「自分たちの学校図書館」を創る。

２．教員や専門職の状況（人数，配置状況，能力：スキル・資格の有無）。
- 組織の現状の違いを大きく分けて提案する（司書教諭発令有無，司書教諭時間確保有無，学校司書配置の有無。学校司書に関しては勤務形態が多様なため常勤・

非常勤，直営・委託等を考慮する)。

3．児童生徒・保護者の状況。

4．学校を取り巻く地域社会の環境（地方の実情：経費の状況，貧富の状況)。

122：エドガー・H・シャイン．人を助けるとはどういうことか：本当の協力関係を作る7つの原則．金井真弓訳，金井壽宏監訳．英治出版，2009，p. 99.（原著　Schein, Edgar H. Helping : How to Offer, Give, and Receive Help. Berrett-Koehler Publishers，2001，192p.）

123：E・H・シャイン編著．組織セラピー：組織感情への臨床アプローチ．尾川丈一，稲葉祐之訳．白桃書房，2013，p. 1-3.（原著　Schein, Edgar H. Organizational Therapy : Multiple Perspectives. Alternative Views Publishing，2009，102p.）

124：前掲123，p. 112-113.

125：前掲123，p. 235-248.

参考文献

〈本文〉

松本美智子．教員と学校図書館担当者の協働に求められる組織構成員の能力の育成：センゲの「学習する組織論」の視点から．Library and Information Science．2019，vol. 82，p. 23-45.

浜田博文．学校を変える新しい力：教師のエンパワーメントとスクールリーダーシップ．小学館，2012，255p.

〈人名解説〉

イアン・マルコーズ．経営学大図鑑．沢田博訳．三省堂，2015，352p.

金森久雄，荒憲治郎，森親司．経済辞典　第5版．有斐閣，2013，1604p.

神戸大学大学院経営学研究室編．経営学大辞典　第2版．中央経済社，1999，1048p.

V章

結論

本章では，結論として，本研究で得られた知見，本研究の発展，本研究の課題，本研究の意義を述べる。

5.1　本研究で得られた知見

教員が教育方法の一つとして日常的に学校図書館を活用するには，学校図書館の認識，学校図書館活用の専門的知識や時間的な余裕が求められるため，学校図書館組織構成員（司書教諭と学校司書）からの支援が欠かせない。つまり，教員と学校図書館組織構成員の協働が求められる。そこで，本書では，教員と学校図書館組織構成員の協働構築の具体的な方法を組織論の視点で明らかにし提示した。

なお，教員と学校図書館組織構成員の協働を，「学校組織内の協働」「学校図書館組織内の協働」「教員と学校図書館組織構成員間の協働」の３つに整理して考察した（図Ⅰ-２）。

０章では，「学校図書館の基礎知識」として，学校図書館，学校図書館法などを12項目立て解説した。

Ⅰ章では，教員の学校図書館に関する研究背景と先行研究を概観し，学校図書館活用の研究は範囲を学校組織まで広げ，教員の学校図書館活用の実態を検討し，その要因を明らかにすること，学校図書館組織構成員の職務体制の現状を明らかにすることが必要であることが挙がった。協働構築の研究は，学校組織を考慮した教員と学校図書館組織構成員間の協働構築方法を具体的に提示する必要があることが挙がった。組織論応用の研究は，学校組織に合致した組織論を応用した論理的なものが求められることが挙がった。

Ⅱ章では，教員の学校図書館活用の８つの要因と，学校図書館組織構成員の職務体制が整っている学校では学校図書館サービスと教員の学校図書館活用の効果が認められ，教員と学校図書館組織構成員間の協働構築に有効であることを明らかにした。教員の学校図書館活用の８つの要因は，第一に，校務分掌での学校図書館担当経験あり，第二に，学校図書館活用の意義・必要を感じている，第三に，学校図書館に活用できる資料が揃っていると感じている，第四に，学校図書館を活用している教科（国語・社会・総合・生活科・理科），第五に，学校図書館活用の効果的な学習展開を心がける，第六に，学校図書館活用授業を年間授業計画に組み込む，第七に，学校図書館活用の実践例を参考にする，第八に，読み聞かせ・ブックトーク等指導の工夫をしている，であった。教員と学校図書館組織構成員間の協働構築に有効な学校図書館組織構成員の職務体制は，司書教諭時間確保有・学校司書有であった。一方，協働は停滞していることも明らかにした。

Ⅲ章では，３つの協働構築における阻害要因を，職務体制，職務分担，組織文化，組織の自立性，組織構成員の自律性，協働のパターンの観点ごとに検討した。また，阻害要因を抑制して協働を構築する方法を文献調査で明らかにした。その協働構築方法を実践するには，組織構成員の個人の力量や個人の取り組みでは限界があるため，組織的な取り組みが必要であることを示した。

Ⅳ章では，学校組織に合致する組織論としてセンゲの「学習する組織論」を選択し，それを枠組みにⅢ章で明らかにされた協働構築方法を協働の観点ごとに具体化した。

以上のように，本書では学校と学校図書館両組織構成員一人ひとりが実践できる協働構築の具体的な方法を組織論を枠組みに示した。つまり，教員・司書教諭・学校司書一人ひとりが思考様式を変化させ行動様式を変革することで協働を構築する方法を明らかにした。この方法は，三者（教員・司書教諭・学校司書）が，自己マスタリー，共有ビジョン，メンタル・モデル，チーム学習，システム思考の５つのディシプリン（学習方法）を総合的に実践することである。このような実践を通し，三者に志を育成する能力，省察的に対話する能力，複雑性を理解する能力という３つのコア・コンピタンス（学習能力）が育成される。この３つの能力が育成される過程において，三者は，多くのことを共有し，互いに排除することなく，包摂する関係性を築き始め，協働は構築される。

さらに，立場の異なる三者一人ひとりが多様な視点を自身の内外に動かし，相互に意見を出し合い，ビジョンを共有することで，協働のきっかけを見つけ，学校と学校図書館両組織内のいたるところに協働が構築される。その協働は両組織内を循環し，全体に広がり，学校図書館活用における教員・司書教諭・学校司書の協働構築は推進されるのである。

5.2　本研究の発展

5.2.1　教員・司書教諭・学校司書の協働構築と学びのネットワークの構築

教員・司書教諭・学校司書に協働が構築されることで，学校と学校図書館両組織には以下のような変化が期待できる。まず，学校組織では，学校図書館活用に関する研修が実施され，校長はじめ全教職員に「学校図書館活用方法の意義・重要性の認知」が進み，教員は司書教諭と学校司書の支援を受け，多くの教科や機会において学校図書館を活用するようになる。

一方，学校図書館組織内では，教員からの支援ニーズを受け，そのニーズに添った支援を実施することで司書教諭と学校司書の協働は構築される。この過程において両者の専門性の向上が期待される。

このように教員・司書教諭・学校司書の協働構築が推進されることで，学校図書館活用の際に教員が感じる抵抗感（面倒，時間がかかるなど）が軽減され，教員の学校図書館活用は推進される。この過程をとおし，学校と学校図書館両組織内の一人ひとりが意欲的・主体的・自律的にセンゲの提唱する「学習」に取り組み始め「個人学習」が起こる。この「個人学習」は学校組織内で波及し，「組織学習」となり，両組織は「学習する学校」と「学習する学校図書館」となる。

「学習する学校」と「学習する学校図書館」では，組織内のあらゆるレベルのスタッフ一人ひとりの能力を活かすことのできる組織体制となる。その時，校長には，学校組織内のあらゆるレベルのスタッフ一人ひとりが継続的に学び続けられるような組織体制を整備することが求められる[1]。つまり，校長は，学校組織という環境の中でそこに関わるすべての人の「学習」の場とすることに力を傾けることにリーダーシップを発揮し，そうした学校組織体制を整備することが期待される。なお，「組織構成員の学習」と「組織体制の整備」は相互補完的な関係にある。

学校と学校図書館両組織構成員の一人ひとりが「学習」することで，両組織内に学びのネットワークが創られ，学校図書館組織構成員は学校組織構成員の学びのネットワークに参加するようになる。つまり，司書教諭・学校司書は，教職員の学びのネットワークに参加することで，教員一人ひとりのニーズに合わせた専門的かつ適切な支援の提供が可能となる。このような司書教諭・学校司書の支援を受けた教員の学校図書館活用を通して，教員・司書教諭・学校司書の学びのネットワークは発展していくだろう。

教員・司書教諭・学校司書の学びのネットワークが発展することに刺激され，児童生徒は単なる学校図書館活用の受け手ではなく，主体的・自律的に学校図書館を活用し，協働で知識を生み出し，能動的な学びの主体になる。つまり，児童生徒間に学びのネットワークが構築される。この過程において児童生徒は，5つのディシプリンの内のいくつかを自然に実践できるようになるだろう[2]。このように，教員・司書教諭・学校司書の「学習」する姿勢自体が児童生徒の「学習」の励みになる。

多様な学びのネットワークが学校及び学校図書館両組織内に構築されることで教員・司書教諭・学校司書及び児童生徒は，両組織内において能動的な学びの主体となる。児童生徒が主体的・自律的に学校図書館を活用し，協働で「学習」したことは，学校組織内に止まらず学校組織の周りのより大きなコミュニティや日々の暮らしの中に開かれ，「学習する家庭」「学習する社会」が築かれ，教育は社会的なプロセスとなるだろう[3]。

このように学びのネットワークが学校から家庭や社会へと発展する時，校長は，学校組織内だけでなく，家庭や社会のすべての組織構成員が「学習」しやすい組織体制を整備し，その成果を学校，家庭，社会で共有する仕組みの基盤を作るためにリーダーシップを発揮することが重要である。

5.2.2 教員・司書教諭・学校司書の協働構築と児童生徒の「生きる力」の育成

学校教育の目的は，児童生徒に「生きる力」を育成することである。この目的を達成するために，教員には，教育方法，児童生徒の学習方法を見直すことが求められている。本書では，教育方法，児童生徒の学習方法の見直しとして「学校図書館活用」を掲げ，そのためには，教員・司書教諭・学校司書の多様な協働構築が求められるとし，組織論を枠組みにその具体的な方法を提示した。

一方，学校教育の主役である児童生徒は，学校教育の目的を達成するために，教員の作った「学校図書館活用」の授業を受け取るだけではなく，自ら主体的に学習する必要がある。そのためには，自身だけでなく多くの人と関わりながら学習することである。つまり，多様な人と多様な協働を構築していくことが求められる。このような協働構築のためには，児童生徒は能動的な主体となっていく必要がある[4]。

児童生徒は「学校図書館活用」を通して，能動的な主体となることで，多様な人と多様な協働を構築し，自身の課題に取り組むようになる。つまり，児童生徒に「生きる力」が育成されるのである。児童生徒が「学校図書館活用」において協働を構築する際には，教員・司書教諭・学校司書の協働構築がお手本となり，基盤となる。したがって，「学校図書館活用」における教員・司書教諭・学校司書の協働は，児童生徒の「生きる力」の育成のためにはなくてはならないものである。

5.2.3 提言：教員養成課程における「学校図書館活用」の学び

大学の教員養成課程において，「学校図書館活用」の学びは司書教諭課程を履修する学生に限られているため，司書教諭課程を履修しない多くの学生には「学校図書館活用」を学ぶ機会がなく，認知されていない現状である。つまり，学校現場の多くの教員は「学校図書館活用」を学ぶ機会を持つことがなかったため，自身の授業において「学校図書館活用」に思いを馳せることはないだろう。たとえ，考えたとしても実践することは難しいと考えることが推察される。この現状を脱するには，教員養成課程において，「学校図書館活用」科目を必修科目とし，学びの機会とすることが有意義である。実際に必修化している大学も見られるが，教員養成課程における必修化の拡大には時間がかかると思われる。

そこで，教員養成課程で「学校図書館活用」を学ぶ機会のなかった現場の教員に対し，その認知を広めるための研修や学校図書館組織構成員からの支援が有効である。その研修方法や支援方法については，Ⅳ章に具体的に示したので参照してほしい。学校図書館組織構成員が教員のニーズに合った適切な支援を実施することで，教員は「学校図書館活用」の教育における効果を実感し，実践を積み重ねるようになる。このような過程を通し，教員の「指導案」「授業実践報告」に「学校図書館活用」が記載されるようになる。その結果，教員養成課程における関連図書にも「学校図書館活用」の実践例が掲載されることになるだろう。

つまり，教員養成課程における「学校図書館活用」の学びの必修化が実現しなくとも，教員養成課程を履修しているすべての学生が教育方法の一つとして「学校図書館活用」を学ぶ機会となる。その結果，教員となった時に，「学校図書館活用」を認知しており，その実践が可能となる。このような学びの機会が積み重ねられることで，「指導案」「授業実践報告」に「学校図書館活用」の実践例が記載されるようになるといった循環が起こるだろう。

一方，教員養成課程で司書教諭課程を履修する学生は，教育実習時に実習校の学校図書館を見学し，司書教諭や学校司書に話を聞くなど，学校図書館の運営の現状を学び，「学校図書館活用」に関する実践的な知識，技能を養うことも可能だろう。その結果，「学校図書館活用」は学校教育において特別なことではなくなっていくことが期待される。

なお，大学における司書教諭課程で教えている筆者は，学生が教育実習に参加する際に，「実習先の学校図書館の実態から，その学校や司書教諭の課題を見つけ，自分なりの解決策を考えてレポートを書き，そのレポートを授業内で発表し，他の学生と共有する」という課題を出している。この課題の実践の過程を通し，履修している学生同士で「学校図書館の現状」に関して多くの学びを得，さらに自分が教員になった時，「学校図書館活用」を実践すること，さらに，他の教員の支援を実施したいと意欲を示すようになっている。

5.3　本研究の課題

本研究の課題は，以下の５点が挙げられる。

第一に，本研究で提示した「協働構築の具体的な方法」の有効性が検証されていないことである。つまり，センゲの「学習する組織論」による協働構築の実践校[5]における有効性の検証をすることが求められる。具体的な方法は，学校図書館活用が定着している学校を対象に，事前に，学校と学校図書館の両組織構成員に５つのディシプリンの実施状況を聞き（質問紙調査），３つ以上導入している学校を選び，面接調査を実施する。その結果を，分析考察し「協働構築方法」の有効性を明らかにする。「協働構築の具体的な方法」が学校と学校図書館両組織構成員の現場感覚に合ったものであり無理なく実践できるものか，両者が実際に困っている学校図書館活用の課題に対して具体的に貢献できるものか，学校図書館活用の実践を支える存在となっているか，類似の試み（例えば，「チーム学校」における協働構築）が学校及び学校図書館組織内のあちこちで生まれ頻繁に実践されているか，を検証する必要がある。

第二に，「学校図書館活用」の前提となる教員の内発的な強い希望やニーズ，また，「学校図書館活用」における学校図書館組織構成員の支援に対する教員の問題意識や改善願望を具体的に検討する必要がある。

第三に，協働構築の研究範囲が学校組織内に限られていたため，学校組織に影響力のある教育委員会まで研究範囲を広げ検討する必要がある。

第四に，研究対象である学校組織構成員を教職員に限定していたため，学校の主体である児童生徒を「学校の変革の主体」「協働構築の主体」として位置づけ，児童生徒を学校組織構成員に含めること，つまり，研究対象を児童生徒まで広げ検討する必要がある。センゲは学校の進化のプロセスにおける児童生徒のリーダーシップについて，“学校における深く永続的な進化のプロセスにとって真の希望は，児童生徒たちの責務であると考えざるを得なくなった。彼らは，学校を機能させるための深い情熱を持っており，彼らは，成人とは異なる方法で未来と接続されている。彼らは，正規の学校教育プロセスでは形成されない想像力や物の見方を備えており，彼らは，自らの環境に関与して更なる責任を担いたいと叫んでいる。これらのことは，彼らのリーダーシップにかかっている”[6]と述べている。つまり，学校における深く永続的な進化のプロセスには児童生徒の主体的な関わりが大きく，児童生徒を学校組織構成員に含める必要がある。

第五に，研究対象校が小学校に限られていたため，研究対象を中学校，高等学校まで広げ検討する必要がある。

今後は，本研究の５つの課題に対応した研究を行っていく必要がある。

最後に，筆者が実践してきた研究者の姿勢について述べる。「研究者の立場と研究の目的」に関するケネス・ガーゲン（Gergen, Kenneth J.）の以下のような言葉がある[7]。

> 現場に関して素人の研究者は，プロである現場の実践者の言葉と研究者の発する学問の世界の言葉の橋渡しをする。現場の言葉は，具体的で狭い範囲のみに通用するものであり，研究者の言葉は抽象的で広い範囲に適用することが可能である。研究者は研究自体が一つの社会実践であることを自覚し，現場の実践に積極的に参加することが大切である。現場の実践者は，一つの現場に埋め込まれている。一方，研究者は，多くの現場を訪問することができ，一つの現場に外部の考え，異質性を持ち込むことができる。現場の実践者は，この異質性に触れることで自分たちの現実を振り返りそれを抽象化することが可能となる。このことが，現場の実践に良い変化をもたらすのである。これが研究者の立場であり，研究の目的である。

筆者は，長い間，現場の実践者の立場で研究を続けてきた。研究者として現場の実践から具体的な課題を設定し，その具体的な課題を研究し，抽象化された研究成果を現場で実践するということをスパイラルに繰り返してきた。また，研究者として多くの学校図書館を訪問し調査することにより，多様で異質な知見を得た。この多様で異質な知見を実践者として現場に持ち帰り，自分たち教員・司書教諭・学校司書の実践を振り返り，具体的な現場の課題を研究者として抽象化し，実践者として現場に持ち帰ることを繰り返した。このように，現場の実践者であり研究者でもあるという研究姿勢は，現場の実践に良い変化をもたらしてきたと自負している。これこそが研究の目的であった。

今後，研究者として提示した協働構築の具体的な方法が，学校図書館の現場で奮闘されている方々に実践していただき，それぞれの現場において良質な変化がもたらされることを願っている。

5.4　本研究の意義

既存の「学校図書館研究」は，実践研究が多く論理的な研究は少なかった。そのような中で，本研究は，学校図書館活用と教員・司書教諭・学校司書の協働の相関関係の強さを論理的に指摘するものである。しかし，因果関係を指摘するものでも相関関係を実証するものでもなく，仮説提示の研究となっている。すなわち，本研究の意義は今後の「学校図書館研究」への橋渡しというところにある。

注・引用文献

1：ピーター・M・センゲ，ネルダ・キャンブロン=マッケイブほか．学習する学校：子ども・教員・親・地域で未来の学びを創造する．リヒテルズ直子訳．英治出版，2014，p. 32.

2：前掲1，p. 10.

3：前掲1，p. 108.

4：前掲1，p. 860.

5：日本における「学習する組織論」の実践校の現状を調べたところ，5つのディシプリンのすべてを実践している実践校はほとんどなく，2つ3つを組み合わせて実践している学校であった。

6：前掲1，p. 113.

7：ケネス・J・ガーゲン．あなたへの社会構成主義．東村知子訳．ナカニシヤ出版，2004，p. 360.（原著　Gergen, Kenneth J. An Invitation to Social Constraction. London : sage，1999，248p.）

おわりに

筆者は，学校司書として小・中学校の学校図書館に勤務していたころ，学校図書館を積極的に活用する教員，消極的な教員の存在があり，多くの教員が消極的であることに気づいていた。消極的な教員にどのように働きかけたら，どのような支援をしたら，学校図書館を活用してもらえるかを考える日々であった。そして，教員の支援には教員自身に学校図書館を活用しようとする意識がなくては始まらないことを実感した。教員に学校図書館活用の意識を喚起するには，教員を説得する論理的な枠組みが必要だと考え，自身の論理的思考を鍛えるために慶應義塾大学文学研究科図書館・情報学専攻情報資源管理分野修士課程の門をたたいた。

この修士課程での２年間は，主婦，学校司書，大学院生の３つの立場があり，家事をこなし，学校図書館に勤務し，勤務を終え大学院へ通い，レポートや修士論文を書きながら机上で寝てしまうことも少なくない日々であった。大学院での学びは，学校図書館に止まらず，さまざまな館種（国立図書館，公共図書館，大学図書館，専門図書館）で働く図書館員の方たちに混ざり多くのことを学ばせていただいた。主教授の糸賀雅児先生はじめゼミの先輩方から大学院での学び方や研究方法について一から十までご指導を賜った。学校図書館で働きながらの大学院での学びは，現場の実践から研究課題を抽出し，研究結果を現場の実践に活かすという循環であり，現場に近い研究を進めることができたと自負している。大学院での学びをきっかけに，学校図書館活用における教員と学校図書館担当者（司書教諭と学校司書）の関係性を注意深く観察するようになった。それが，教員と学校図書館担当者の意識や両者の関係を指摘する研究へと繋がった。その結果，修士論文（「小学校教員の学校図書館に対する意識」）で小林賞（修士課程修了者を対象に選考し授与される賞）を当時最高齢で受賞し（2009年），この賞をきっかけに博士課程での学びを目指すことになった。

修士課程終了後１年の準備期間を経て筑波大学大学院図書館情報メディア研究科博士後期課程へ進学した。主教授の故平久江祐司先生からは，学校図書館の研究者として学校図書館研究分野に一つの城を築くようにとのご指導を賜った。博士課程では，図書館情報学の学位取得に向け，ひたすら研究し，論文を執筆し，学会で発表し，査読誌に投稿するという学びの連続であった。そうした中，いくつかの大学で司書教諭課程や学校司書課程で学校図書館について教えはじめ，大学院生と非常勤講師の二足の草鞋を履くことになった。

学生に講義をする中で，大学の教員養成課程では，学校図書館，学校図書館活用の学びがないことを改めて認識した。例えば，教員養成課程で教えている教授に「教員による学校図書館を活用した授業」について伺うと「ほとんどの教員は考えていないかもしれない」とのことで，教員及び教育学における学校図書館の存在は希薄であることを実感した。しかし，学校図書館での勤務経験や大学院での学びを織り交ぜながら講義を進めることで，学生は学校図書館活用に興味を持ち始め，教員となったら学校図書館を活用した授業を是非してみたい，司書教諭として学校司書と協働して教員の支援も進めたい，という意欲が芽生えることを目の当たりにしてきた。筆者の大学院での研究から得られた知見を学生に伝えることで，筆者個人に閉ざされた研究から社会に開かれた研究となっていくのを実感し，やりがいとなっている。さらに，学生との学び合い（対話）の中で，学校図書館について専門的になりすぎた筆者には思いもよらないことや学校図書館の可能性を教えられ，自身の研究に反映することも多々あり，学生に感謝している。一方，筆者は，「児童生徒に学ばせたいのなら自分が学ばないでどうする。児童生徒に読書させたいのなら自分が読まないでどうする。児童生徒を成長させたいなら自分が成長しないでどうする」と目の前の学生と共に自身にも語りかけ，実践してきた。学びながら教えること，教えながら学び続けることの大切さが学生に伝わり，学校現場で学び続ける教員が生まれたとしたらこれ以上の喜びはない。

修士課程から博士の学位取得まで，学校図書館現場での実践と共に歩んできた14年間であった。「学校図書館活用の推進」「現場に役立つ研究」をひたすら考え続けた研究生活であったが，その実態をこうして学術書の形で発表させていただくことになり，感無量である。さまざまな場面で自身の限界に挑戦し，苦しいことも多々あり，多くの方々の励ましがなければこの場所にたどり着くことはなかった。本書が図書館情報学の研究者に止まらず多くの人々の目に触れ，学校図書館の認識を豊かにし，学校図書館の存在の希薄さを払拭する一助になることを願っている。

私にとり「研究は自分の生活を豊かにするもの，自分の人生を楽しむためのもの」でもあった。このように学び続けることで「正しく考えること」は，自分の考えを疑うことに他ならないことも学んだ。つまり，ソクラテスの「無知の知（正しい行いとは無知であることを知っていること）」を実感したのである。これからも，これまでの学びを基に，理想を手放すことなく，見えないものを見る姿勢を大切にし，学び続けられる限り学び続け，豊かな人生を全うしたいと思っている。

最後に，本書執筆に当たり，感謝の気持ちを捧げたい方々がいらっしゃる。

学校図書館の基本的な考え方のご指導をいただいた故黒沢浩先生，学校図書館の経営の視点に関してご指導をいただいた故長倉美恵子先生，学校図書館の全体像と課題に関してご指導をいただいた堀川照代先生，学校図書館における司書教諭の多くの実践を教えていただいた小川三和子先生，学校図書館の現場やその支援について教えていただいた藤田利江先生，読書の奥深さを教えていただいた池田茂都枝先生。ここにお名前を挙げた諸先生方のご指導により研究を深めることができた。心からの感謝を申し上げたい。

学校司書として働きながら大学院で学び始めてから現在に至るまで，学校図書館協議会（全国SLA）の皆さま，特に，森田盛行先生，敷地みどり氏，岩崎弥太郎氏には，全国的な視野から学校図書館について多くのことを学ばせていただいた。その中で，勤務校の取材や『学校図書館』への執筆の機会もあった。また，資料室を何度も利用させていただいた。心からのお礼を申し上げたい。

学校図書館研究への興味と関心の芽を育んだ勤務校である杉並区立杉森中学校の司書教諭鈴木素子先生には学校司書として多くを学ばせていただいた。また，東久留米市立東久留米第三小学校の校長稲垣達也先生，司書教諭佐藤みち先生，教職員の方々，児童生徒の皆さん，教育委員会の方，すべての方に感謝を申し上げたい。

博士論文の書籍化を出版社に繋いでくださった元筑波大学教授逸村裕先生，そして，本書の企画段階から出版まで一貫して著者の気持ちを尊重し，多大なご尽力をいただいた樹村房社長の大塚栄一氏。お二人がいらっしゃらなかったら本書を出版することはできなかった。深く感謝を申し上げたい。

また，本書執筆に当たり多くの貴重なアドバイスと励ましをいただいた元聖学院大学教授土方透さん（小学校の同級生）に感謝の意を表したい。

ここにお名前を挙げることのできなかった多くの方々のご指導と温かい励ましがなかったら本書を完成させることはできなかった。心より感謝申し上げたい。

最後に，長期にわたり励まし，協力し，理解し，辛抱強く支え続けてくれた長女早紀子，二女奈那子に心からの感謝を伝えたい。

回り道をしながらも，ようやく一つの形にできたことを嬉しく思っている。

本書を手に取ってくださった読者の皆様に厚く感謝申し上げる。

A book is a dream that you hold in your hand. ——Neil Gaiman

（本は手に持てる夢である。——ニール・ゲイマン）

2024年10月

［付録１］

Ⅱ章　研究１（調査１）質問紙調査票

学校図書館調査　調査票

問１　あなたは，どの程度学校図書館へ行かれますか（該当の番号に○をつけてください）

１．毎日　　２．週１～２回　　３．月１～２回　　４．使わない

問２　あなたは，以下の目的別にどの程度学校図書館を使われますか（一番近いと思われる数字に○をつけてください）

		毎日使う	週１～２回	月１～２回	使わない
ア	児童が「調べる学習」をするため（図書館での授業）	4	3	2	1
イ	児童が読書をするため（図書館での授業）	4	3	2	1
ウ	教材研究のため	4	3	2	1
エ	学校図書館担当者に，調べ物の相談をするため	4	3	2	1
オ	児童に奨める本を探すため	4	3	2	1
カ	国語の発展として読ませる本を探すため	4	3	2	1
キ	あなたの読む本を探すため	4	3	2	1
ク	その他（　　　　　　　　　　）	4	3	2	1

問３　授業での学校図書館利用についてお伺いします

ア　あなたは，昨年度，学校図書館を利用した授業を行いましたか（該当の番号に○をつけてください）

１．はい　　２．いいえ

「はい」と答えた方にお聞きします。

イ　利用した教科について教えてください（該当の番号に○をつけてください。複数回答可）

１．国語　２．社会　３．算数　４．理科　５．音楽　６．図画工作
７．家庭科　８．体育　９．道徳　10．総合　11．英語　12．生活科
13．特別活動　14．その他（　　　　　　）

ウ　授業における学校図書館の利用頻度はどのくらいですか（数字をご記入ください）

年に［　　　］授業時間程度

内，教材研究・調べる学習での利用頻度は，年に［　　　］授業時間程度
年に［　　　］単元程度

問４　教材研究についてお聞きします（１つ選び○をつけてください）

ア　教科書だけで教科目標を達成できる
イ　教科書だけでは教科目標を達成できない
ウ　どちらとも言えない

問５　教科書だけで教科目標を達成できない時，どのような方法で補足し，改善したら良いと思いますか（最も良いと思われるものを１つ選び○をつけてください）

ア　学校図書館の資料を活用する
イ　公共図書館の資料を活用する
ウ　新聞を活用する
エ　書店で資料を購入する
オ　同僚の先生から資料を借りる
カ　インターネットを活用する
キ　補足する必要はない
ク　その他（　　　　　　　　　　　　　）

問６　「調べる学習」での学校図書館利用についてお聞きします（該当の記号に○をつけてください。複数回答可）

ア　学校図書館担当者に学校図書館利用の授業計画や資料等の相談・依頼をする
イ　学校図書館を使った授業の実践例を参考にする
ウ　学校図書館を使った授業の児童の成果物を参考にする
エ　「学校図書館を使う授業」の教員研修がある
オ　学校図書館利用授業（教科学習・読書学習）を年間授業計画に組み込んでいる
カ　学校図書館を使う効果的な学習活動の展開を心がけている
キ　児童が学校図書館を自主的に利用するような課題を出す

問７　「調べる学習」での学校図書館利用について以下の項目別にどう思われますか（１番近いと思われる数字に○をつけてください）	非常に思う	そう思う	あまり思わない	そう思わない
ア　学校図書館にカリキュラムに沿った活用できる資料が揃っている	4	3	2	1
イ　児童が学校図書館の利用に慣れている（利用指導がされている）	4	3	2	1
ウ　学校図書館は使いやすい場所にある	4	3	2	1
エ　授業を行うのに学校図書館を使う意義・必要を感じる	4	3	2	1
オ　学校図書館を使う授業の準備をする時間的余裕がある	4	3	2	1

問８　「児童の楽しみのための読書」での学校図書館利用についてお聞きします（該当の記号に○をつけてください。複数回答可）

ア　学級文庫で間に合うので学校図書館は使わない
イ　児童にお奨めの本を手渡している
ウ　お奨めの本の参考リストがある
エ　読み聞かせ，ブックトーク等指導を工夫している
オ　児童に自由に読書させ，特に指導はしていない
カ　自分で児童向けの本をなるべく読むようにしている
キ　読書指導計画に基づいて指導している
ク　その他（　　　　　　　　　　　　　）

問９　「読書活動」は児童のどのような面を伸ばすのに役立つと思いますか（特に役立つと思われるものを３つまで選び○をつけてください。１つでも２つでも可）

ア　知識が増える　　エ　考える力がつく　　キ　集中力がつく
イ　想像力がつく　　オ　言葉を豊かにする　　ク　読書の楽しさを味わう
ウ　生き方を学ぶ　　カ　国語力がつく　　ケ　その他（　　　　　　　　　）

問10　学校図書館を利用されるとき，利用しにくい，または利用しない理由は何ですか（特にそう思われるものを３つまで選び○をつけてください。１つでも２つでも可）

ア　学校図書館に授業に必要な資料が揃っていないため
イ　限られた時間しか学校図書館が使えない（開館時間が短い）ため
ウ　学校図書室に学校図書館担当者が常駐していないため
エ　児童に利用指導（図書館の使い方・調べ方の指導）が行きわたっていないため
オ　時間的に余裕がないため
カ　教員自身が学校図書館の使い方が分からないため
キ　授業で学校図書館の資料を使わなくても間に合うため
ク　その他（　　　　　　　　　　　　　　　　　　　）

問11　学校図書館の役割で最も大切なものは何だと思いますか（特に大切だと思われるものを１つ選び○をつけてください）

ア　児童の楽しみのための読書の場
イ　放課後の児童の居場所
ウ　児童の「心の居場所・第二の保健室」
エ　活用できる多様なメディアがある
オ　教員への資料提供，指導のサポート
カ　児童が教科学習の学び方を学ぶ場
キ　家庭・地域における読書活動の支援の場
ク　大切なものは特にない
ケ　その他（　　　　　　　　　　　）

問12　以下の質問にお答えください（該当の番号に○をつけてください）

ア　あなたは，教員養成の時に図書館学，読書指導法等について学びましたか
　１．はい　　２．いいえ
イ　あなたは，小中高校時代に学校図書館を使った調べる学習をしたことがありますか
　１．はい　　２．いいえ

問13　学校図書館に対するイメージをお伺いします。はい／いいえでお答えください（該当の言葉に○をつけてください）

ア　学校図書館は，心が安らぐ場である　　はい／いいえ
イ　学校図書館は，人と人のふれあいの場である　　はい／いいえ
ウ　学校図書館は，楽しく親しめる場である　　はい／いいえ
エ　学校図書館は，居心地の良いところである　　はい／いいえ

オ　学校図書館は，堅苦しいところである　　はい／いいえ
カ　学校図書館は，活気のある場である　　はい／いいえ
キ　学校図書館は，文化の薫り高いところである　　はい／いいえ
ク　学校図書館は，情報化社会を感じさせるところである　　はい／いいえ
ケ　学校図書館は，児童の学習上不可欠な場である　　はい／いいえ
コ　学校図書館は，たいくつなところである　　はい／いいえ
サ　学校図書館は，めんどうくさいところである　　はい／いいえ
シ　学校図書館は，親切なところである　　はい／いいえ
ス　学校図書館は，児童とともに教員にとっても大切な場である　　はい／いいえ

問14　あなた自身について教えてください

ア　教職歴を教えてください（該当の番号に○をつけてください）
1．～5年　2．6年～10年　3．11年～20年　4．21年以上

イ　担当している学年と教科を教えてください（該当の番号全てに○をつけてください）

学　年　1．1年　2．2年　3．3年　4．4年　5．5年　6．6年
教　科　1．国語　2．社会　3．算数　4．理科　5．音楽
6．図画工作　7．家庭科　8．体育　9．道徳　10．総合
11．英語　12．生活科　13．特別活動　14．その他（　　　　）
学級担任　1．はい　2．いいえ

ウ　これまで校務分掌で学校図書館の係を担当したことがありますか。あるいは，今担当していますか（該当の番号に○をつけてください）
1．現在担当中である　2．担当したことがある　3．担当したことがない

エ　司書教諭の資格をお持ちですか（該当の番号に○をつけてください）
1．はい　2．いいえ

問15　このアンケートに関するご意見・ご要望等ございましたら，ご自由にお書きください

以上でアンケートは終了です。ご協力いただきありがとうございました

［付録２］

Ⅱ章　学校図書館活用に関する５つのカテゴリーと81のサブカテゴリー一覧

カテゴリー	サブカテゴリー	件数
①「学校図書館活用授業のきっかけ」	1）図書館活用が学校の研究授業になっている	9
	2）図書館活用の年間指導計画あり	8
	3）研究指定校（文科省）になっている	6
	4）図書館が行きやすい位置にある	6
	5）図書館ネットワークがある	6
	6）校務分掌で図書館担当経験あり	5
	7）学校全体に図書館活用の意識がある	4
	8）教員の意識（図書館活用経験しているので抵抗がない１，図書館が好き２）	3
	9）学習活動で使える資料が揃っている	2
	10）図書館活用のカリキュラムが教科書にあった	2
	11）校長が図書館活用に熱心である	2
	12）学校司書が常駐している	1
	13）常時開館している	1
	14）図書館からの働きかけがある（図書だより）	1
	15）他の教員から図書館活用を教わる	1
	16）他の学校を参考にした	1
	17）教育委員会からの働きかけがある	1
②「学校図書館活用授業での工夫・利点」	18）児童が主体的・自主的な学び方をするように工夫する 児童にテーマを決めさせる　２件 児童の達成感をゴールにする　２件 図書館を使う課題を出す　１件 児童を認め評価する　１件 自学ノートを進める　１件 目的ねらいを持たせ図書館へ行かせる　１件 グループ学習にする　１件	9
	19）教員と学校司書の協働（コラボレーション）	8
	20）図書館活用の年間指導計画あり	6
	21）系統的・計画的な利用指導あり	6
	22）教員の意識（教員同士で教え合う２，日夜図書館活用を考える１，教員自身楽しむ１，教員研修に参加する１）	5
	23）読書指導の工夫あり（読み聞かせ，ブックトーク，お話し会）	5
	24）校務分掌に組織的な図書館活用部会がある	3
	25）ワークシートを作る	3

	26）施設が充実している（本好きになる雰囲気がある，展示の工夫，整理整頓されている）	3
	27）図書館と地域の連携がある（ボランティア，公共図書館，家庭）	
	28）図書館活用は目的ではなく手段である	3
	29）図書館活用授業の実践例を参考にする	2
	30）多くの教科で図書館を活用する	2
	31）職員会議で学校図書館部からの報告あり	1
	32）図書館活用を学校教育の中心に据える	1
	33）調べ学習の限界を児童に教える	1
	34）１つの単元から図書館活用することで様々なものに発展させる	1
③「学校図書館活用授業をしにくい又はしない理由」	35）教員の意識 教員自身が図書館のことを知らない　７件 図書館活用の意義・必要を感じない　３件 効果を実感しない　２件 学びが深まるのを実感しない　２件 図書館を身近に感じない　１件 本を知らない件　１件 教員同士で良かったことを伝えあわない　１件 教員自身使っていない　１件 本が嫌い　１件 図書館活用することでマイナスがある　１件 図書館担当者に相談できない　１件	21
	36）学校司書が常駐していない	9
	37）資料が揃っていない	7
	38）児童の意識（学びが深まるのを実感しない２，調べ学習が嫌い２，インターネットに頼る１，児童が落ち着いていない１）	6
	39）時間的余裕がない	5
	40）図書館活用が学校の研究授業になっていない	4
	41）教員と学校司書の協働がない（コラボレーションがない）	4
	42）研修がない	2
	43）校務分掌に組織的な図書館活用部会がない	2
	44）図書館が使いやすい場所にない	1
	45）図書館が常時開館していない	1
	46）配架がきちんとされていない	1
	47）設備が整備されていない	1
	48）校長の図書館活用の意識が低い	1

	49）図書館活用の年間指導計画なし	1
	50）学校全体に図書館活用の意識がない	1
	51）副読本（資料集）を購入するので使う必要がある	1
	52）校務分掌で図書館担当経験なし	1
	53）図書館が空いていない（使いたい時に使えない）	1
	54）図書館蔵書が即授業に使えるという提示がない	1
	55）職員会議で図書館の報告がない	1
④「学校図書館活用授業で得られたもの」	56）児童に調べる力がついた つかむ，考える（思考力），調べる（判断力），まとめる（表現力），伝え合う（発表力）が育った　５件 思考力・表現力・プレゼンテーション力が育つ　４件 調べる力が育つ　４件 教科書以上の情報を得る　４件 資料を深く読む　２件 表現の工夫ができる　１件 情報を選び取る　１件 情報をうのみにしない　１件 聞く力が育つ　１件 語彙が増えた　１件 読書量が増える　１件	25
	57）児童が主体的・自発的な学び方をするようになった 自ら調べたいという気持ちを持つ　７件 分からないことがあれば自ら図書館へ行く　４件 学習意欲が高まり積極的に学ぶ　３件 休み時間に自ら図書館へ行く　２件 自ら課題を持ち調べる　２件 喜んで調べものに没頭する　１件 自ら公共図書館・博物館へ調べに行く行動力を示す　１件 １人で本を探す　１件	21
	58）児童の意識が変わった 本との出会いを楽しみ読書が好きになる　３件 図書館が好きになる　２件 図書館が生活の一部になる　２件 図書館へ行く抵抗感がなくなる　１件 調べれば調べるほど楽しくなる　１件	8
	59）教員の意識が変わった 図書館が生活の一部になる２件 図書館へ行く抵抗感がなくなる１件	4

	読書の楽しみを知る１件 図書館活用が楽しくなる１件	
	60）学校司書との協働，コラボレーション（教員が教材研究に専念）	1
	61）本を通し児童の中に交流が生まれた	1
	62）児童の作品が変わった	1
	63）教授方法が自ら学ぶ形に変わった	1
	64）児童が生きる力を得た	1
⑤「学校図書館活用授業での課題」	65）児童一人ひとりに応じた指導をする，TT チーム・ティーチングが必要（学びの個人差大）	12
	66）利用指導が必要	7
	67）司書教諭を専任にする	2
	68）図書館活用の年間指導計画を作る	2
	69）学校図書館を学校教育の中心に置く	1
	70）学校司書の常駐	1
	71）能力のある学校司書の存在	1
	72）教員の意識：教科内容を終えることが基本であり，調べる学習は発展である	1
	73）図書館活用の参考になる実践例が必要	1
	74）研修が必要	1
	75）時間の確保が必要	1
	76）学習活動で使える資料を揃える	1
	77）図書館担当教員の授業時間軽減をする（時間がない）	1
	78）学校図書館が空いていない（使いたい時にすぐに使えない）	2
	79）教員の意識：図書館担当者から他の教員への働きかけが必要	1
	80）教員の意識：教員が本の知識を持っていること	1
	81）教員の意識：図書館活用を継続し発展させる	1

注１：図書館は，学校図書館を表す

注２：質問紙調査の結果，活用度の高い教員と低い教員で有意であった項目に網掛けの上，四角で囲ってある

注３：回答件数を合わせると９件以上の項目を四角で囲ってある

注４：協働に関係ある項目にアンダーラインが引いてある

[付録３]

学校図書館と聞いてどのような図書館を思い浮かべるだろうか？

ここに紹介する学校図書館は，著者が勤務していた東京都の公立の小学校と中学校の学校図書館に関連する写真である。さらに，本書で追究してきた「学校図書館活用における教員・司書教諭・学校司書の協働構築」の実際の場面の写真も紹介する。なお，米国の学校図書館は調査研究で訪れた時の写真である。

1．学校図書館：書架・掲示（小学校）

2．学校図書館：絵本コーナー（小学校）

3．学校図書館：廊下の掲示（中学校）

4．学校図書館活用授業（分類の授業）：教員・司書教諭の協働（小学校）

5．学校図書館活用授業（新聞活用の授業）：教員・学校司書の協働（小学校）

6．教員研修（ブックトークの方法）：教員・司書教諭・学校司書の協働（小学校）

7．読み聞かせ（昼休み）：学校司書（小学校）

8．読み聞かせ（給食の時間の校内放送）：学校司書（小学校）

9．ボランティア活動（掲示づくり）：保護者ボランティア（小学校）

10．米国の学校図書館（コロンビア大学付属小学校）

[付録４]

本の各部の名称

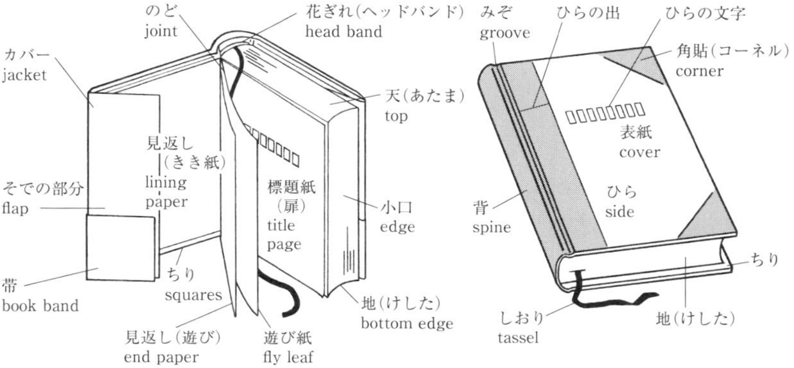

出典：今まど子，小山憲司編著．図書館情報学基礎資料．第５版，樹村房，2024，p.137.

[付録５]

本書の分類ラベル（学校図書館における分類ラベルとして３次区分までを表している）

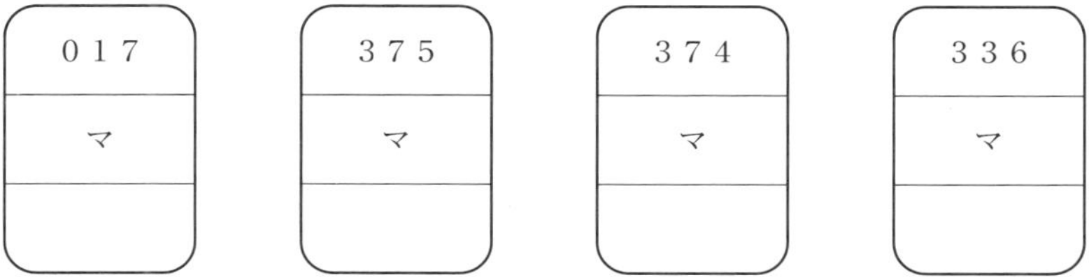

学校図書館　　学習指導　　学習経営・管理　　経営管理

参照：もりきよし原編．日本十進分類法１（本表・補助表編）．新訂10版，日本図書館協会，2014，p.53-62.

さくいん

▶や行

▶ら行

▶わ行

◉本書で使用した用紙一覧
本　文：クリーム金マリ　A判・T・43.0kg
本　扉：サガンGA　スノーホワイト　四六判・Y・100kg
見返し：NTラシャ　ティーグリーン　四六判・Y・100kg
表　紙：STカバー　ひわ　四六判・Y・90kg
カバー：五感紙　細目　純白　四六判・Y・130kg／ニス引き
オ　ビ：エスプリコートFP　四六判・T・110.0kg

[著者紹介]
松本 美智子（まつもと・みちこ）

東京都文京区生まれ。2010年慶應義塾大学大学院文学研究科図書館・情報学専攻修士課程（情報資源管理分野）修了。修士（図書館・情報学）。2020年筑波大学大学院図書館情報メディア研究科図書館情報メディア専攻博士後期課程単位取得退学。2022年博士（図書館情報学）。2003～2017年公立小・中学校学校司書。2007～2013年杉並区立杉森中学校学校運営協議会委員。2010～2014年杉並区子ども読書活動推進委員。2016～2020年愛知県立大学，岡山大学，山形県立米沢女子短期大学，共栄大学，駒沢女子大学，日本経済大学非常勤講師（司書教諭課程）。

現在，日本女子大学，実践女子大学，実践女子大学短期大学部，大妻女子大学，清泉女子大学非常勤講師（司書課程，司書教諭課程，学校司書モデルカリキュラム課程）。

専門：図書館情報学（学校図書館，学校図書館経営など）

著書：『読書教育の方法：学校図書館の活用に向けて』（共著，学文社，2015年），『読書教育のすすめ：学校図書館と人間形成』（共著，学文社，2023年）

修士論文：小学校教員の学校図書館に対する意識（慶應義塾大学，2010年）

博士論文：学校図書館活用における教員・司書教諭・学校司書の協働構築に関する研究：組織論の視点から（筑波大学，2022年）

趣味：ケーナ演奏，筋力トレーニング，座禅，映画鑑賞

学校図書館活用を組織論で考える
――教員・司書教諭・学校司書の協働構築

2024年12月25日　初版第１刷発行

検印廃止

著　者　松本美智子
発行者　大塚栄一

発行所　株式会社 樹村房
〒112-0002
東京都文京区小石川5丁目11-7
電話　03-3868-7321
FAX　03-6801-5202
振替　00190-3-93169
https://www.jusonbo.co.jp/

組版・印刷・製本／株式会社太洋社

ISBN978-4-88367-399-5　